Viel, viel Leben

Wir sind nur Gast auf Erden
Älter werden oder alt sein?

Viel, viel Leben

Wir sind nur Gast auf Erden
Älter werden oder alt sein?

von Gabriele

Verlag DAS WORT GmbH

Verlag DAS WORT GmbH
Max-Braun-Str. 2, 97828 Marktheidenfeld
Tel. 09391/504-135, Fax 09391/504-133
Internet: http://www.das-wort.com

Druck: Santec Studio und Druckerei GmbH,
Marktheidenfeld

ISBN 3-89201-203-2

Inhalt

Wir sind nur Gast auf Erden
und wandern ohne Ruh
mit mancherlei Beschwerden
der ew'gen Heimat zu.

Ich bin ein Gast auf Erden und
hab hier keinen Stand;
der Himmel soll mir werden,
da ist mein Vaterland.
Hier reis ich bis zum Grabe,
dort in der ew'gen Ruh
ist Gottes Gnadengabe,
die schließt all Arbeit zu.

Was ist mein ganzes Wesen,
von meiner Jugend an,
als Müh und Not gewesen?
Solang ich denken kann,
hab ich so manchen Morgen,
so manche liebe Nacht
mit Kummer und mit Sorgen
des Herzens zugebracht.
...

So will ich zwar nun treiben
mein Leben durch die Welt.
Doch denk ich nicht zu bleiben
in diesem fremden Zelt.
Ich wand're meine Straße,
die zu der Heimat führt,
da mich ohn alle Maße
mein Vater trösten wird.

Mein Heimat ist dort droben,
da aller Engel Schar
den großen Herrscher loben,
der alles ganz und gar
in seinen Händen träget
und für und für erhält,
auch alles hebt und leget,
nach dem's ihm wohlgefällt.

Zu dem steht mein Verlangen,
da wollt ich gerne hin;
die Welt bin ich durchgangen,
daß ich's fast müde bin.
Je länger ich hier walle,
je wen'ger find ich Freud,
die meinem Geist gefalle;
das meist ist Herzeleid.

Die Herberg ist zu böse,
der Trübsal gar zu viel.
Ach komm, mein Gott, und löse,
mein Herz, wenn dein Herz will!
Komm, mach ein selig's Ende
an meiner Wanderschaft,
und was mich kränkt, das wende
durch deinen Arm und Kraft.

Wo ich bisher gesessen,
ist nicht mein rechtes Haus.
Wenn mein Ziel ausgemessen,
so tret ich dann hinaus;
und was ich hier gebrauchet,
das leg ich alles ab,
und wenn ich ausgehauchet,
so scharrt man mich ins Grab.

Du aber, meine Freude,
du meines Lebens Licht,
du ziehst mich, wenn ich scheide,
hin vor dein Angesicht
ins Haus der ewigen Wonne,
da ich stets freudenvoll
gleich als die helle Sonne
nebst andern leuchten soll.

Da will ich immer wohnen
und nicht nur als ein Gast
bei denen, die mit Kronen
du ausgeschmücket hast;
da will ich herrlich singen
von deinem großen Tun
und frei von schnöden Dingen
in meinem Erbteil ruhn.

Paul Gerhardt (1607-1676)

Zum Geleit

Lieber Leser – viel, viel Leben!
Was ist Leben?

Gerade in dieser besonderen Gnadenzeit, in der Gott, der Ewige, in der Christus, Sein Sohn, uns Menschen in Seinem Wort so nahekommt wie vor 2000 Jahren zur Erdenzeit Jesu, gibt es weltweit Menschen, die die große Chance wahrnehmen, an der Hand des Christus Gottes die Schritte auf dem von Ihm erneut gewiesenen Weg, dem Inneren Weg, zu tun. Es sind diejenigen, die trotz mancher noch bestehender menschlicher, das heißt, sündhafter Fehlerhaftigkeiten immer wieder das geistig orientierte Leben, das Leben im Geiste Gottes, anstreben, indem sie sich vertrauensvoll Gott, Seinem wunderbaren Gesetz der Gottes- und Nächstenliebe, hingeben, nicht nur im Gebet, sondern in ihrem gesamten Denken, Reden und Tun. Infolgedessen gelangen sie vom bloßen Dasein mehr und mehr zum Leben, dem urewigen Sein.

Unter diesen Gott Zustrebenden sind jene, die durch die Liebe und Güte des Ewigen immer einmal wieder das Leben, das wahre Leben, kosten.

Von ihnen hört man, daß sie dieses Leben als das Glück erfahren: Es ist, so sagen sie, das einzige und wirkliche Glück – ein Glück, das unabhängig ist von äußeren Gegebenheiten, auch unabhängig vom Lebensalter.

Das Leben, das höhere Leben, kommt aus dem Inneren des Menschen, aus seiner Seele, es durchströmt die Hülle, den Körper, es fließt hin zu Mitmenschen, zu Tieren und weiteren Lebensformen der Natur und ebenfalls zu allen Dingen seiner Umgebung. Der Mensch gewinnt innige Herzensverbindung.

Was ist dieses Leben, das so manchen Menschen erfüllt und das seine Erdentage durchsonnt?

Dieses Leben ist Gott, denn Gott ist das Leben. Es ist der Strom Seines Lichts, Seines Friedens, Seiner Liebe. Dieses Leben ist Kraft, Liebe und Weisheit aus der ewigen Quelle, die tief in der Seele des Menschen unaufhörlich strömt, denn jeder von uns ist das Kind, der Sohn oder die Tochter Gottes, und im Innersten der Seele des Menschen ist das unzerstörbare Wesen, das göttliche Wesen, das keinen Tod kennt, weil Gott, der das Leben ist, es geschaffen hat.

Die göttliche Kraft, das Leben, wird jenem Menschen zunehmend bewußt und spürbar, der seinen Glauben aktiv werden läßt durch die Orientierung an der göttlichen Lebensregel in seinem Alltag. Die Lebensregel, deren Aussage den Zehn Geboten Gottes und den Lehren der Bergpredigt des Jesus von Nazareth entspricht, lautet sinngemäß: Was du willst, daß andere dir tun sollen, das tue du ihnen zuerst. Oder: Was du nicht willst, daß man dir tu', das füg auch keinem anderen zu.

Diese Lebensregel könnte als der goldene Schlüssel zum wahren Leben bezeichnet werden, das derjenige erfährt, der nach dieser Aussage denkt und handelt.

Der Geist des Christus Gottes, der unser Erlöser ist, hat in unserem Seelenherzen Wohnung genommen. Er ist somit immer gegenwärtig. Er kennt unsere Schwächen, unsere Stärken, unsere Niederlagen und auch den Sieg über uns selbst, den jeder Einzelne immer wieder zu erringen hat. Mit Seiner Hilfe und durch Seine Kraft können wir, wenn wir möchten, das Leben entfalten, das uns beglückt, uns frei und tatenfroh macht.

Die Kraft des Gottesgeistes ist nicht nur das ewige Leben, sie ist auch die Energie eines jeden Tages auf Erden. Sie, lieber Leser, können viel, viel des kostbaren Lebens gewinnen, denn jeder Tag bietet reichlichst Gelegenheiten dazu. Inwiefern, und wie diese genutzt werden könnten, lesen Sie unter anderem in diesem Buch.

Da die Zeichen der Zeit ja eine recht deutliche Sprache sprechen, dürfte es für jene, die erfassen, wo das Leben zu finden ist, geraten sein, nicht zu säumen. Die Stunden zerrinnen merklich immer schneller. Und auch der Christus Gottes spricht diesbezüglich bemerkenswert deutliche Worte in Seinem großen Offenbarungswerk „Das ist Mein Wort“: *„Beachtet: Wer diese Worte liest und in der Wende steht von der alten zur Neuen Zeit, der sollte sich beeilen, daß er noch sein geistiges Leben findet! ...“* (S. 341)

Also: Noch ist Zeit. Aber wie lange noch?

Daher gilt es, keine Zeit zu verlieren. Der Gewinn ist, wenn wir wollen, groß. Er bleibt uns, über dieses Erdenleben hinaus. Es kann ein großer und der entscheidende Schritt sein, der uns näher zu Gott, in die ewige Heimat, führt.

Marktheidenfeld, im September 2005
Verlag DAS WORT

Viel, viel Leben

Wir sind nur Gast auf Erden
Älter werden oder alt sein?

Das Lied „Wir sind nur Gast auf Erden" ist hoffnungsvoll, vielversprechend und kann für unser ganzes Erdenleben von Bedeutung sein. Wer in seinem Erdendasein dieser Wegweisung folgt, diesem Ziel zustrebt, der hat das große Los gezogen, den Gewinn des Lebens. Traurig und ohne Trost ist die Aussage dieses Liedes für jenen Menschen, der bis ins hohe Alter ein rastloser Wanderer blieb, der sein Ziel nicht kannte und kennt und dessen Lebensschiff ruhelos auf dem Ozean seines Daseins umhertreibt. Der nun ältere Kapitän hat die Navigation seines Lebensschiffes gegen seine Beschwerlichkeiten eingetauscht.

Die Lebenskrise im Alter.
Ängste und das Gespenst „Einsamkeit"

Menschen, die ängstlich ihre Jahre zählen, machen sich Sorgen um ihre Zukunft; sie denken über ihr Alter und über eventuelle Altersgebrechen nach, die sie heimsuchen könnten. Menschen, die ein gewisses Lebensalter erreicht haben, sprechen nicht selten vom Altsein.

Wer sich immer wieder mit dem Altsein beschäftigt, brütet vielfach über seine Vergangenheit nach, über Situationen und Mitmenschen, die ihm z.B. in der Jugend Bürden auferlegt haben und die, wie er meint, unter Umständen für sein schweres Leben oder für seine derzeitige Situation verantwortlich sind.

So mancher, der in die Lebenskrise kommt, gibt dem „anderen" die Schuld: daß dieser ihm keine Heimat bot, wo er, der in der Lebenskrise steckt, doch immer nach Geborgenheit und Heimat suchte und sich auch dafür einsetzte, indem er für seine Familie das Beste wollte. Der Verbitterte klagt, jammert und spricht von seinen Kindern, die er gut erzog, für die er sparte, um ihnen einen guten Start ins Leben zu ermöglichen. Er, der für den Unterhalt der Familie sorgte und sie zusammenhielt, ist nun im Herzen einsam und allein, denn die Kinder gehen allmählich aus dem Haus, um auf eigenen Wegen ihr Leben zu erschließen. Der Partner, sofern es ihn noch gibt, konnte und kann das auch nicht geben, was er, der nun „Einsame", jahrelang angestrebt hat: Sicherheit, Geborgenheit und Heimatgefühl.

Das Bedrohliche für den im Jammertal Angesiedelten ist seine Fixierung auf die Vorstellung, nun müsse die große Einsamkeit kommen, verbunden mit der Angst vor Leiden und Krankheit. Ein solcher Zustand, den wir auch Lebenskrise nennen, kann zur Vergreisung führen, wenn das Wandergepäck des Menschen ein Rucksack ist, in dem sich Ängste und Schuldzuweisungen anhäuften.

Wer sich aus einer Lebenskrise nicht herausarbeitet, ganz im Gegenteil, mehr und mehr hineinfallen läßt, bleibt ein zielloser Wanderer. Allerdings muß dann angenommen werden, daß dieser Mensch schon in jungen Jahren kein Ziel hatte, die Navigation seines Lebensschiffes auf andere ausrichtete und sein unzufriedenes Dasein als sein „Leben" bezeichnete, wobei er das Streben nach höheren Werten anderen überließ.

Altern, ohne zu vergreisen. Was ist wahre Weisheit?

Viele junge Menschen sind der Ansicht, die sogenannten „Alten" seien generell die Vergreisten, weil etliche ältere Besserwisser nur „gute" Ratschläge aus der Schatulle ihrer verflossenen Vergangenheit ziehen und sie mit vielen Worten und Gesten präsentieren, statt wahre Weisheit zu vermitteln, mit der etwas anzufangen wäre.

Spricht die Jugend vom Altwerden oder gar vom Altsein, denkt der junge Mensch an die letzte Phase des Erdendaseins, so hat er das Bild eines alten, dahinvegetierenden und griesgrämigen Menschen vor Augen, der in eine „moderne Gesellschaft" nicht paßt, weil das, was er aus seiner Vergangenheit ausgräbt, eine veraltete Einstellung ist, die er den jungen – wie es scheint, selbstsicheren – Menschen mit einem Redeschwall aufzuzwingen sucht.

Das Bild vieler Jugendlicher vom alten Menschen trifft nur dann zu, wenn dieser in jungen Jahren aufgehört hat, zu lernen, um sich weiterzubilden und sich auch geistig weiterzuentwickeln. Zu Recht sagt ein Sprichwort: „Wer rastet, der rostet." Wer im Alter den Rost der Vergangenheit immer wieder aufbereitet, um ihn der Jugend zu präsentieren, der verliert gerade im Alter den Rest seiner Würde und Autorität. Junge Menschen schieben zudringliche „Alte" auf das „Rangiergleis", indem sie ihnen tunlichst aus dem Weg gehen. Ihr Kommentar: „Sooft ich ihm begegne, erzählt er ein und dasselbe." Und mancher Jugendliche sagt zum anderen: „Mit seinen Wiederholungen will er mir weismachen, was recht und unrecht ist, wo er doch selbst nicht weiß, was das im einzelnen bedeutet."

Viele junge Menschen wünschen sich von den Älteren Weisheit – die Weisheit des Alters, ohne Druck und Rechthaberei. Wahre Weisheit ist Reichtum an Lebenserfahrung, die die Gegebenheiten, Begebenheiten und die menschliche Natur bis in die Tiefe zu erfassen vermag. Wahre Weisheit läßt jedem Mitmenschen die Freiheit; sie begegnet ihm aus dem Gesetz des freien Willens, der nicht personenbezogen ist, mit Geduld, Nachsicht und Güte. Und sie weiß zur rechten Zeit wohlwollend zu schweigen. Sie wertet und urteilt nicht.

Jene Weisheit, die frei macht, weil sie nur dann Ratschläge gibt, wenn diese gewünscht sind, fällt nicht vom Himmel. Die Voraussetzung dafür zu schaffen, Weisheit zu erlangen, heißt, sich rechtzeitig ein höheres Lebensziel vorzugeben, dieses anzustreben, die gestellten Aufgaben, die der Tag mit sich bringt – auch die Aufgaben am Arbeitsplatz –, gewissenhaft und treu zu erfüllen und aus den mitgebrachten Talenten das Beste zu machen. Wer bis ins hohe Alter geistig rege und geistig tätig bleiben möchte, darf nicht aufhören, zu lernen, und vor allem das von ihm gesteckte Lebensziel nicht aus dem Auge lassen, denn es gilt: Vorwärts, immer vorwärts! Dann nimmt das Angestrebte jeden Tag mehr Gestalt an.

Es ist nun einmal ein Naturgesetz, daß jeder Mensch altert. Wer sich seiner Lebensaufgabe bewußt ist, wird jedoch im Alter nicht vergreisen. Jeder Mensch bringt seine Lebensaufgabe mit in diese Welt. Tag für Tag wird ihm davon einiges präsentiert. Wohl dem Menschen, der das beachtet; er reift!

Jungsein ist eine innere Haltung. Es gibt viele „Alte“.

Jungsein ist nicht nur ein Abschnitt im Lebenszyklus des Menschen, sondern eine innere Haltung, die an keine Zeit und an kein Lebensalter gebunden ist. Ob der Mensch jung an Jahren oder älter ist, ist nicht entscheidend; es kommt darauf an, was der Mensch aus seinem Leben macht. Das zählt und gibt ihm darüber Aufschluß, wie jung er seelisch ist. Der Werdegang des Erdendaseins hängt von des Menschen Gedanken ab. Denn so, wie der Mensch denkt, so wird er spätestens im Alter sein.

Tief in der Seele jedes Menschen fließen die schöpferischen Quellen. Ob jung oder älter: Wer die geistigen schöpferischen Quellen verstopft – zum einen durch die täglichen Schuldzuweisungen an andere, zum zweiten durch das ständige Jammern über alles, was der Tag ihm, dem Menschen, bringt –, der findet sein Leben nicht. Auch wer ein liederliches Leben führt oder nach seiner Berufsausbildung der Ansicht ist: „Nun habe ich genug gelernt; was ich an Wissen und an Fertigkeiten besitze, das genügt“, der wird alt; er vergreist, weil er sich selbst „einkreist“, das heißt sein Bewußtsein einengt. Verstrickt sich der Jugendliche im Netzwerk solchen und ähnlichen Verhaltens, so kann er sicher sein, daß er nicht nur von Jahr zu Jahr älter wird, sondern schon in jungen Jahren – auch wenn die Haut noch jung und elastisch ist – „alt" sein kann. Die vielen Falten allein besagen wenig. Das Welken, das Älterwerden, ist unausweichlich; es ist im Naturgesetz begründet. Einzig die Einstellung zum Älterwerden entscheidet darüber, wie lebensvoll ein älterer Mensch ist.

Man sagt, unsere heutige Gesellschaft sei überaltert, womit gemeint ist, daß es immer mehr alte Menschen gibt und im Verhältnis dazu immer weniger junge. Ich möchte hinzufügen: Vor allem ist der Anteil derer relativ groß, die – oft schon in mittleren Jahren – durch ein resignatives, pessimistisches Lebensgefühl geprägt sind. Die fehlende innere Lebensperspektive hat ihnen Schwung, Elan und frische Zielstrebigkeit weitgehend genommen. Mühselig schleppen sie sich mehr oder weniger unzufrieden, griesgrämig und freudlos durch ihre Erdentage.

Selten wird die Frage gestellt, warum das so ist. Die heutige Zeit mit ihrer Veräußerlichung gibt uns darauf die Antwort. Die vielen Reize, vor allem jene, die uns über Internet und Fernsehen erreichen, bewegen die jungen Menschen; sie stellen dann Ansprüche, die sich selten erfüllen. Es ist leider so, daß es in unserer Gesellschaft viele „alte" Menschen gibt, hingegen wenig Ältere, die die Weisheit des Lebens verkörpern, die in der Gesellschaft mit dazu beitragen, eine gewisse Wertbeständigkeit aufrechtzuerhalten, die unter anderem auch ein Ansporn für die Jüngeren sein könnte. In der heutigen Gesellschaft trachtet jeder danach, seinem Ego einen gehörigen Platz zu verschaffen, um von dem ohnehin immer spärlicher werdenden gesellschaftlichen „Kuchen" noch ein ansehnliches Stück abzubekommen.

Rat an junge Menschen: Laßt euch nicht durchhängen! Bewußt leben heißt, bewußt zu lernen.

Die Hoffnung, daß es noch einmal besser werden könnte, schwindet vorwiegend bei der Jugend. Die Angst vor dem gesellschaftlichen Niedergang geht wie die Pest um. Viele junge Menschen sehen für sich im Schulischen und Beruflichen immer geringere Chancen, auf der Leiter zum Erfolg einige

Sprossen höherzuklettern. Leider müssen sie vielfach erleben, daß sie von intellektuellen „Alten“, die an ihrer Position kleben, ausgebootet werden. Oft handelt es sich bei diesen ausgerechnet um jene, die, wie die feinfühlige Jugend erkennt, ohne Merkmale von Weisheit ihre „Weisheiten“ der Gesellschaft nahebringen wollen. Frustriert hat es so mancher junge Mensch aufgegeben, sich darüber Gedanken zu machen, welche Talente unter Umständen in ihm noch brach liegen, und zu erwägen, ob es sich nicht lohnt, diese auszugraben und weiterzuentwickeln. Viele fragen sich, ob es überhaupt von Nutzen ist, weiter zu lernen.

Ein Rat an junge Menschen: Laßt euch nicht durchhängen! Gebt nicht dem Druck der Leidenschaften nach, die euch z.B. von Werbung, Fernsehen und Internet so lockend vor Augen geführt werden, sondern baut auf die Kraft in euch und auf eure Talente, von denen jeder Mensch einige in dieses Erdendasein mitgebracht hat, die er zur Blüte und zur Reife bringen sollte.

Bewußt leben heißt, bewußt zu lernen, jeden Lebensabschnitt zu bejahen und geistig auszuschöpfen. Denn die höhere Lebensqualität, die sich im Älterwerden ausbauen und weiter aufbauen läßt, hängt nicht allein von den Jahren ab, sondern von der geistigen Haltung des Menschen. Wer aufgehört hat, an sich selbst zu arbeiten, der wird auch keine ethisch-moralischen Werte entfalten und auch keine guten Früchte werden lassen, um diese in die Gesellschaft einzubringen.

Letzteres kann unter Umständen auch mit äußerem Erfolg verbunden sein; doch wer mehr und mehr erfaßt, was Leben wirklich bedeutet, der wird zunehmend unabhängiger von äußeren Gegebenheiten, die ihm Aufwertung bringen.

Für die wahre Weisheit im Alter legt man am besten das Fundament in der Jugend. Die rechte Lebenshaltung für eine positive Lebensperspektive besagt: der wahren Gerechtigkeit, der Ausgewogenheit des Lebens, zu dienen, was heißt, ohne Rücksicht auf die Lebensjahre zu lernen und die Anlagen zu den vorhandenen Talenten zu fördern.

Lernen bedeutet, in der Orientierung am höheren Lebensziel in sich selbst Klarheit zu gewinnen und dann dem zu folgen, was man erkannt hat. Das gibt innere Sicherheit, innere Freiheit und die Kraft, voranzuschreiten.

Sein Leben neu entdecken! Erfahren Sie, wieviel Freude und Beglückung es bringt, anderen selbstlos zur Freude zu gereichen.

In der Mitte des Erdenlebens, dann, wenn die Blüte des irdischen Lebens ihren Höhepunkt erreicht hat und das Wollen und Drängen allmählich nachläßt, spricht so mancher von seinem Hobby, seiner Liebhaberei, die sich augenblicklich nicht in dem Maße erfüllen läßt, wie es wünschenswert wäre, weil Beruf, Familie und anderes noch Vorrang haben. Noch sind die Tage ausgefüllt mit Arbeit und Verantwortung, auch im familiären Bereich. Jedoch die Jahre vergehen, die Kinder werden erwachsen und machen sich selbständig. Nach und nach gehen sie ihre eigenen Wege, um ihre Lebenserfahrungen zu machen. Das bedeutet, daß die Familie kleiner wird.

Nicht selten ziehen dann Beklommenheit und Angst in das Gemüt der Zurückgelassenen ein, in den Vater oder in die Mutter oder in beide Elternteile. Sie sind nun einmal älter geworden. Vor allem dann macht sich die Angst breit, wenn zusätzlich noch ein Lebenspartner den Familienbund verlassen hat oder andere Wege geht, wenn also ein Einbruch in der kleiner werdenden Familie unausweichlich ist, oder gar dann, wenn die Pensionierung bevorsteht, die durch die angespannte betriebliche Situation so manchen älteren Menschen früher trifft, wodurch die kleine Familie nun mit einem geringeren Einkommen auszukommen hat.

In unserer heutigen Gesellschaft befinden sich viele, sehr viele Menschen in dieser prekären Lage, die für so manchen ausweglos erscheint. Kommt der Mensch in solche und ähnliche Situationen, dann gibt er oftmals viel zu schnell auf. Wie wäre es, sich selbst Mut zuzusprechen und die Situation nicht als Ausweglosigkeit anzusehen, sich nicht abgeschoben oder gar ausgebootet zu fühlen, sondern statt dessen das Leben neu zu entdecken, fast würde ich sagen, das Leben zu erobern – nun aber <u>sein</u> Leben.

Bis dahin hat der Mensch meist nur bedingt sich selbst entfalten und leben können. Er mußte letztlich viele Abstriche machen, mit Rücksicht z.B. auf die Familie, auf den Beruf, auf die Gesellschaft. Er hat sich zurückgenommen, sich in die Erfordernisse eingefügt; das war sicherlich auch gut so und berechtigt. Jetzt darf er einmal sich selbst erkunden.

Er könnte das lang ersehnte Hobby oder eventuell sogar ein vergrabenes Talent aus der Schublade des Bewußtseins holen, um es näher zu betrachten. Er könnte wägen, was heute noch möglich wäre, was er heute noch tun oder wofür er sich heute noch einsetzen könnte, das ihm Freude macht und das auch anderen dient.

Wir sollten uns nicht mit sogenannten Unausweichlichkeiten zufriedengeben. Für den, der will, gibt es immer eine Lösung. Auch das Alter bietet uns viele, viele Möglichkeiten, vor allem dann, wenn das zwanghafte Drängen nach dem beruflichen Höhenflug zurückgeht. Wenn das Wünschen und Wollen in ruhigere Bahnen findet und das Alter mehr nach Ruhe des Gemüts verlangt, kann so mancher seine bislang schlummernden Fähigkeiten und Eignungen entdecken und seine verborgenen Talente zur Entfaltung bringen, um diese, so er möchte, in den Dienst für seine Mitmenschen zu stellen.

Betrachten wir doch einmal unsere Situation ganz realistisch. Sagen wir dem ade, was hinter uns liegt. Manches war gut, anderes weniger; aus dem können wir lernen und das Erkannte jetzt unter ganz anderem Vorzeichen umsetzen. Streifen wir das Alte ab! Nun heißt es: Auf, zu neuen Ufern! Was bedeutet: Gestalten wir unser Leben neu!

Wenn wir es schaffen, diese Wende in unserem Dasein als eine Chance zu betrachten, die Blickrichtung zu ändern, so fallen uns sicher bald Möglichkeiten ein, unserem Leben neuen, guten Sinn zu geben. Lange gehegte gute Vorsätze, deren Verwirklichung bislang so etliches im Wege stand, könnten eventuell jetzt zum Tragen kommen. Fassen wir das beherzt ins Auge, dann steigt schon Hoffnung herauf und die Zuversicht, daß manches besser wird.

Allerdings ist die Loslösung von dem seit Jahrzehnten Gewohnten ein Prozeß, denn z.B. unsere Gedanken sind sehr lange in bestimmten, eingefahrenen Bahnen gelaufen. Diesen Prozeß, die Umstellung, können wir dadurch unterstützen, daß wir z.B. in unserer Wohnung, in unserem Zimmer Mobiliar umstellen. Hilfreich kann es auch sein, die viele „alte" Kleidung zu durchforsten. Einiges könnten wir weitergeben; das, was uns noch zusagt und zu unserem neuen Lebensplan paßt, hängen wir in den Schrank. Dabei kommen uns vermutlich ganz von selbst Ideen, was eine Änderungsschneiderei mit wenig Aufwand noch „verwandeln“ kann, so daß wir es mit neuem Bewußtsein wieder gern tragen.

In jungen Jahren fühlte sich so mancher nicht nur gefordert – er forderte sich selbst durch sein Drängen und Wollen. Heute, da es ruhiger um uns geworden ist oder wenn wir eventuell das Pensionsalter erreicht haben, sollten wir nicht aufhören, uns weiter zu fördern und weiter zu lernen.

Haben wir erst einmal begonnen, unser Leben neu in die Hand zu nehmen, spüren wir schon den Aufwind; es ist ein beglückendes Gefühl, zu erfahren, daß sich doch manches umgestalten und mit neuem Sinn füllen läßt.

Dann werden wir nicht sinnlos und nutzlos herumsitzen oder herumhängen, werden nicht verdrießlich in der Suppe unserer Vergangenheit rühren und Trübsal blasen. Denn dann werden wir entdecken: Hier und da wird Unterstützung gebraucht, die wir geben können, wenn es erwünscht ist; oder eine Situation erfordert es plötzlich, daß jemand mit anpackt, um einen vermehrten Arbeitsanfall zu bewältigen, und anderes mehr. Ein Mitarbeiter, der mit Freude kleine oder größere Aufgaben erfüllt, wird überall nützlich sein können – zumal, wenn er sich zurücknimmt und weder Lob noch andere Bestätigungen für sein Ego erwartet.

Sich selbst zurückzunehmen und selbstlos für andere dazusein, ist eine Tugend, die speziell in älteren Jahren geübt und vervollkommnet werden könnte. Hat der ältere Mensch das einmal erkannt, wird das zu seiner Grundhaltung, dann hat er den Schlüssel zu einem erfüllten Leben in der Hand – auch im Alter. Und das Leben „belohnt" ihn auf seine Weise: Er gewinnt dadurch, wie gesagt, viel, viel Leben. Denn sich im Alter weiter dienstbar zu machen, ist eine Aufgabe, die besonders den älteren Menschen im Inneren reich macht.

Das Warten darauf, daß uns das Leben ohne unser Zutun mit neuen, erfreulichen Inhalten überrascht, ist allzumeist vergeblich. Wir werden auf diese Weise nicht glücklich – im Gegenteil. Die in unserer Gedankenwelt aufgebauten Mißhelligkeiten fallen über uns, den passiven, klagenden, wartenden Menschen, her, möchten von uns erneut bewegt, genährt und mit Jammer-Energie versorgt werden, auf daß sie von uns mehr und mehr Besitz ergreifen und uns die Kräfte aussaugen können. So überlassen wir uns jedoch bereitwillig jenen, denen daran gelegen ist, uns immer tiefer in die selbstverschuldete Finsternis zu ziehen. Und das wäre „verschenktes“, gleich vergeudetes Leben.

Das muß nicht sein! Wir selbst haben unser Leben und unser Schicksal in der Hand. Nehmen wir die neue Chance wahr! Es lohnt sich, und nicht nur für jetzt und heute, nicht nur für dieses Erdenleben. So vieles kann sich noch ändern – nicht zuletzt wir selbst! Sie werden merken, wieviel Freude und Beglückung es bringt, anderen selbstlos zur Freude zu gereichen.

Das neue Ziel – ein neues Zukunftsbild. Der Lebensgewinn aus dem Tag

Gerade das Pensionsalter, das auch als Reifealter bezeichnet werden könnte, wäre für so manchen hilfreich, sofern er es nicht dahingehend bewertet – und letztlich abwertet –, daß er nun nahe dem Endpunkt seines Erdendaseins sei. Dann ziehen Trübsinn, Hoffnungslosigkeit und Verzagtheit ein. Wer sich hingegen in einem neuen Lebensabschnitt sieht, der wieder andere Aufgaben hat, der unter

Umständen reicher und erfüllter sein könnte als die Zeitspanne, in der die Arbeitswelt Vorrang hatte, der nützt die Chance, bei sich so manches neue Talent zu begrüßen, das ihn erfüllt, was dann auch auf andere ausstrahlt.

Wer sich von den Schablonen des alten Denkens und von den überalterten Lebensgewohnheiten befreit, der schenkt sich selbst neues Leben – viel, viel Leben. Er wird dem höheren Leben zustreben, das aus den Geboten Gottes und den Lehren des Jesus, des Christus, zu entnehmen ist. Wenn er sich daraus ein entsprechendes Ziel vorgibt, wird gerade das Alter lebenswert.

Viele alte Menschen, die verzagt und frustriert jahre- oder jahrzehntelang entsprechenden Gedanken nachgehangen haben, resignieren, weil sie in der Jugend dies oder jenes nicht erreicht haben oder weil Menschen unfreundlich zu ihnen waren oder ihnen gar das Erdendasein beschwerlich gemacht haben. Wer dieses Roß reitet, der galoppiert durch die Tage hindurch und fühlt nicht, daß jeder Tag ein Gewinn sein kann, denn er bringt nicht nur Probleme und Sorgen mit sich, sondern auch Chancen, die, sofern man sie wahrnimmt, Freude bescheren und vor allem viel, viel Leben.

Gerade im Alter sollte uns bewußt werden, daß wir nichts zurückholen können, was vergangen ist. Es gehört nun einmal der Vergangenheit an. In unseren Gedanken können wir zwar unsere Vergangenheit immer wieder neu aufrollen. Doch was nützt das? Und wem nützt es? Wer mehr in der Vergangenheit lebt als im Tag, der dem älteren Menschen ebenfalls vieles aufzeigt, Schönes und weniger Schönes, das analysiert werden und zu so mancher Erkenntnis anregen könnte, der ist alt geworden. Wer jedoch das, was ihn aus der Vergangenheit quält, näher betrachtet und sich selbst die Frage stellt: „Was war mein Anteil an dieser oder jener unguten Situation?“, der befreit sich nach und nach von dem Druck des Unbewältigten.

Ist der Mensch darauf bedacht, seinen Anteil zu beheben, ist er bereit, dem anderen zu vergeben oder für seine Fehler um Vergebung zu bitten, dann beginnt er, dem Tag das abzugewinnen, was dieser mit sich bringt: Leben, viel Leben. Er wird bestrebt sein, sein Denken und Verhalten immer mehr zu überprüfen, um sich der Gegenwart bewußt zu werden. Die Gegenwart, der Augenblick des Tages, hat für jeden andere Inhalte, die in sich eine weiterführende Perspektive bergen, neues Leben anklingen lassen. Es lohnt sich, dieses neue Zukunftsbild in und an sich selbst werden zu lassen. Das nennt man dann Leben im Tag.

Merken wir uns folgendes: Nicht die Lebensjahre machen den Menschen alt. Der Mensch macht sich selbst alt durch grüblerisches, neidisches Denken und abwertendes Verhalten anderen gegenüber. Kein Mensch kommt umhin, sich irgendwann einzugestehen, daß er älter wird. Älter wird der Mensch – das Altsein jedoch ist Prägung durch falsches Denken und Verhalten.

Keine Energie geht verloren. Auch unsere Gedanken sind Energie. Deshalb wird mit der Zeit jeder zu dem, was er unentwegt denkt. Wer in seinem Erdenleben positive Akzente setzt, der gibt seinem Erdendasein Jahre hinzu, und auch Rüstigkeit und Gesundheit.

Wer frühzeitig lernt, mit Besonnenheit älter zu werden, wird sich nicht dem Altwerden hingeben. Menschen, die in der Mitte ihres Erdenlebens nicht aufgehört haben, zu lernen, bleiben geistig rege, dynamisch und lebensfroh. Sie werden im Alter nicht enttäuscht und verbittert sein. Sie wissen: Jeder Tag bringt vieles Schöne oder auch Unschöne, doch er bringt noch mehr Leben, damit wir daraus unseren Lebensgewinn erlangen.

Die Goldene Lebensregel – der Schlüssel zum wahren Leben, zu Geborgenheit und innerer Sicherheit

Das frühe Erkennen, daß wir nur Gast auf Erden sind, wird sich mit alten, trägen Gewohnheiten, die viele Menschen in ihren Bann ziehen, nicht begnügen. Wer sich dessen bewußt ist, hält den Blick stets nach innen, zum Urgrund der Seele gerichtet, wo Gott wohnt, in dem Wissen: Gott ist Liebe, Schönheit, Reinheit, Gerechtigkeit; Er ist das ewige Leben. Aus diesem Wissen, der Weisheit, zieht derjenige den Lebensgewinn, der jeden Tag die Goldene Lebensregel beachtet: Was du nicht willst, daß man dir tu', das füg auch keinem anderen zu. – Gott ist immer für uns da, für jeden Einzelnen, denn wir sind Seine Kinder.

In Wirklichkeit ist kein Mensch allein. Gott, der Geist unseres ewigen Vaters, ist in uns. Ob jung oder älter, wer in diesem Bewußtsein lebt, der weiß, daß alle Kräfte der Unendlichkeit, die göttliche Ordnung, Sein Wille, Seine Weisheit, Sein Ernst,

Seine Geduld – die Güte –, Seine Liebe und Seine Barmherzigkeit – die Sanftmut –, in seinem Inneren sind, in seinem innersten Wesen, dem geistigen, göttlichen Kern seiner Seele. Er weiß, daß er durch ein Denken und Leben, das dem Gesetz Gottes entspricht, als Mensch durchlässig wird für das Urkraftpotential aus Gott, das ihm die innere Stärke verleiht, über dem Tand und den Abartigkeiten dieser Welt zu stehen, über der Scheinwelt der Veräußerlichung, die der Satan in die Menschheit einschleuste, um sie in die Irre, in die Gottferne, zu führen.

Wem das bewußt ist, der ist nicht kleinmütig; er gibt sich nicht der Schwäche des Allzumenschlichen hin. Aus dem Bewußtsein der ewigen Kraft, Liebe und Weisheit wird er von sich selbst das Höchste verlangen. Das befähigt ihn, seinen Mitmenschen und Gott zu dienen und die Werke der Gottes- und Nächstenliebe zu tun. Gottes Kraft, Liebe und Weisheit wird ihm in jeder Lebenslage beistehen.

Ein Mensch, der sich an die Goldene Lebensregel hält, der hält den Schlüssel zum wahren Leben in seinen Händen. Denn es gibt nur eine Wahrheit – die ist Gott. Wer zu dieser Erkenntnis gefunden hat, der wird sich nicht gehenlassen. Er wird auch nicht abschlaffen, wenn es darum geht, sich selbst zu fordern.

In keinem Lebensabschnitt unseres Daseins gibt es einen Stillstand des Lebens. Leben ist Evolution. Das bedeutet für den Menschen: Das Leben ist ein unschätzbarer Gewinn, denn jeder Tag bringt viel, viel Leben. Wer sich in jungen Jahren dessen bewußt wird und sich höhere Ziele setzt, der hält seinen Körper elastisch und verleiht ihm die nötige Spannkraft bis ins hohe Alter.

Ich wiederhole: Jeder wird zu dem, was er denkt und bejaht. Hat er seine Gedankenwelt gefüllt mit den Scheinwerten dieser Welt, und ist er zu dem geworden, dann wird es oftmals – je nach der Art seiner Gedanken – sehr schwer, umzudenken, sich ein höheres, ja geistiges Lebensziel zu setzen.

Wer sich aber noch in seinem Irrweg erkennt und die Sackgasse erfaßt, in die er geraten ist, wer nicht aufgibt, wer immer wieder Christus, das Licht des Herzens, um Beistand und Hilfe anruft, wer die Energie des Tages konsequent – ich betone: konsequent! – nutzt und wer durchhält, der kann auch noch in älteren Jahren Schritte tun, so daß sich nach und nach die Enge seines Bewußtseins mehr und mehr erweitern kann. Es kommt darauf an, ob der Mensch wirklich will.

Die Jugend will ihre Zukunft gestalten. Der junge Mensch fühlt die Kraft seines Körpers und die Spontaneität, die noch keinen festen Platz sucht. Der ältere Mensch hingegen sucht Halt und Beständigkeit. Im Laufe des Erdenlebens wird so mancher feststellen, daß ihm auf Dauer weder Menschen noch Geld und Güter Halt bieten können. Wer jedoch gelernt hat, sich gläubig und hingebungsvoll dem Geist des Lebens anzuvertrauen, wer sich also höhere ethische und moralische Werte vorgab und diesen zustrebte, der fühlt sich im Alter im allmächtigen und allweisen Geist geborgen. Für ihn ist das Erdenleben eine Aufgabe, um wahrhaft zu leben, denn das Leben ist eine feine ethische Grundschwingung, die uns aus den Himmeln zustrahlt.

Sobald der Mensch seine ängstlichen Stimmungen und Hemmungen besiegt, die so manchen ins Abseits drängen, verwandelt er sich; sein Leben gewinnt Harmonie, die Sicherheit in Gott bedeutet. Harmonie ist eine wunderbare Ausgewogenheit im Alter. Wer sie besitzt, ist wahrlich reich.

Nütze das Älterwerden, um im Inneren reich zu werden

Leben heißt „Vorwärts!“. Wem es gelingt, sich im Vorwärtsstreben ein höheres Ziel vorzugeben in dem Bewußtsein, daß das Leben keinen Stillstand kennt und ewig währt, dessen Blickrichtung ist zukunftweisend, was Lebensgewinn bedeutet. Den Blick auf das wahre Leben zu richten, das Gott ist, führt zu einem erfüllten Leben. Ein Mensch jedoch, der immer wieder seine Vergangenheit ausgräbt, schaut nicht vorwärts. Dieses falsche, grüblerische Denken und Verhalten führt zu Verbitterung, zu Hoffnungslosigkeit und Langeweile, die unter anderem dem Altwerden Vorschub leistet. Dann ist der alte Mensch griesgrämig und – für andere, aber auch für sich selbst – unausstehlich.

Wer immer nur zurückblickt, enttäuscht seiner vergangenen Jugend nachtrauert oder sie gar nachholen möchte, der denkt nicht nur falsch – er schadet sich vor allem selbst, denn die Energie, die er dafür einsetzt, fehlt ihm, um gerade im Alter sein Lebensziel neu zu bestimmen und seine Lebensinhalte neu zu gestalten.

Der ältere Mensch sollte mit sich selbst nicht nachlässig werden. Richten wir uns immer wieder auf und werden uns des ewigen Lebens bewußt, dann werden wir auch Tag für Tag das Leben bejahen und uns und unsere Sinne erziehen, damit wir das höhere Leben, das jedem von uns nahe ist, erfassen und verstehen können. Wer sich selbst erzieht, indem er seine Gedanken, Worte und Handlungen überprüft – immer in der Frage: Ist das, was ich denke, rede oder tue, nützlich für mich und für den Nächsten? – und alles, was ihm und dem Nächsten nicht dienlich ist, von sich abstreift, spart Energie und wird so Tag für Tag neuen Lebensgewinn erfahren.

Dem, der in diesem Bewußtsein lebt, wird es zur Selbstverständlichkeit, daß das Leben keinen Stillstand kennt und daß das diesseitige Leben nur die Vorstufe für das weitere, höhere Leben ist; er nützt seine Tage und wird sich jeden Tag für das Leben neu entscheiden. Den Weg zum wahren Leben finden wir in den Geboten Gottes durch Mose und in den Lehren des Jesus, des Christus.

Die Blickrichtung ist jedoch für jedes Lebensalter entscheidend. Je früher wir die Weichen für das Leben stellen, für die höhere Ethik und Moral, um so bedeutungsvoller wird unser Erdendasein verlaufen. Im Alter werden wir dann aus der Weisheit des Lebens schöpfen.

So mancher fragt sich: Welches sind die wesentlichen Kriterien für den Wert meines Erdendaseins? Ob unser Erdendasein sinnerfüllt verläuft und somit eine höhere Qualität, eine höhere Wertigkeit erlangt, hängt davon ab, wie wir uns dem Leben gegenüber in unserem Denken und Leben verhalten. Jesus, der Christus, stellte uns sinngemäß vor die wesentliche Entscheidung: „Für Mich oder gegen Mich.“ Christus ist das Leben. Er ist das Leben in jedem von uns. Er ist das Leben jedes Tages, jedes Augenblicks. Daher entscheiden wir in jedem Augenblick: entweder <u>für</u> oder <u>gegen</u> das Leben. Das heißt unter anderem: Entweder blicken wir rückwärts in die Vergangenheit oder vorwärts, um das höhere Leben zu gewinnen.

Junge Menschen suchen bei den älteren nach Lebensweisheit. Nicht jeder alte Mensch jedoch besitzt Lebensweisheit. Lebensweisheit hat nur der Mensch, der sein Erdendasein, sein Denken, Reden und Tun den Geboten Gottes und den Lehren des Jesus, des Christus, gegenüberstellte, um zu wägen, was gut und weniger gut ist. Die „Klugheit“ hingegen, die aus der allzumenschlichen Erfahrung kommt, hat mit Lebensweisheit wenig zu tun.

Woran erkennt man, ob Lebensweisheit oder menschliche Klugheit vorliegt? Die Weisheit überlegt, spricht selten von sich, gibt kurz Ratschläge, sofern diese angebracht oder gewünscht sind; ansonsten schweigt sie. Die menschliche „Klugheit“ ist die „Vergangenheitsklugheit“, die immer nur von sich selbst spricht, ohne auf den Gesprächspartner einzugehen, ohne ihm zuzuhören, um auch seine Argumente verstehen zu lernen. Auch der Drang, dem jüngeren Menschen den Stil der eigenen Vergangenheit aufzudrängen, spricht nicht gerade von Lebensweisheit. Diese Selbstüberschätzung deutet auf einen nicht überwundenen Ego-Komplex hin, der den rechthaberischen älteren Menschen ältlich erscheinen läßt.

Die Jugend möchte ihre eigenen Erfahrungen machen. Deshalb sollen gerade die Älteren der Jugend ihren Lauf lassen. Fragt jedoch der junge Mensch den Älteren um Rat, dann sollte dieser sich hüten, seine Vergangenheit schulmeisterlich dem Jüngeren aufzudrücken. Wer aus dem Born der Lebensweisheit schöpft, der wird nur einen weisen

Rat geben, oftmals knapp eine Frage stellen, so daß der junge Mitmensch daraus eine eigene Erkenntnis reifen lassen kann.

Machen wir uns immer wieder bewußt, daß jeder Mensch nur Gast auf Erden ist. Die Jugend strebt nach Erfolg und Sicherheit, der ältere Mensch nach Geborgenheit. Das ist der Lauf im Erdendasein; es ist naturbedingt, begründet im Werden und Vergehen, das dem irdischen Dasein eigen ist. Wer in seinem Erdendasein den inneren, den geistigen Halt nicht sucht und findet, der lebt im Alter in Angst und oftmals in Panik um das bißchen Habe, das er sich erworben hat, das ihn allerdings im Inneren nicht reich macht – ganz im Gegenteil.

Den toten Punkt überwinden

Gerade im Alter erleben viele den sogenannten „toten Punkt“, das heißt: „Ich bin in der Gesellschaft nichts mehr wert; ich weiß nicht mehr so recht, wofür ich eigentlich da bin.“

Frage an uns: Ist der Gang zur täglichen Arbeit wirklich alles? Hat nicht vielmehr jeder Tag auch im Alter Sinnerfüllendes bereit, dann, wenn wir unsere Talente fördern, um schöpferisch zu sein, und heute das tun, was wir in der Vergangenheit tun wollten, aber nicht tun konnten, weil anderes Priorität hatte?

Gleich, auf welcher Altersstufe wir stehen, wir sollten jeden Tag unserem Erdendasein Sinn und Inhalt geben, so daß wir im Denken und Tun geistig weiter wachsen und reifen. Bedenken wir, daß der Geist in uns immer lebendig und ewig jung ist. Es ist ein Naturgesetz: Wer dem wahren, ewigen Geist, der im Seelengrund jedes Menschen wohnt, die Möglichkeit gibt, sich in Seele und Körper zu entfalten, der wird lange rüstig und aktiv sein.

Es ist schade, daß heutzutage viele junge Menschen wenig aus ihrem Erdendasein machen, das im Alter sinnerfüllend wäre. Die vielseitige Ablenkung, die die Welt bietet, hält das Gemüt – vor allem des jungen Menschen – gefangen. Durch die Zerstreuung im Äußeren werden die schöpferischen Kräfte gebunden. Die Nichtentfaltung des ewig jungen schöpferischen Geistes in der Jugend wirkt sich dann schon in mittleren Jahren aus und besonders kraß dann, wenn der Mensch älter geworden ist. Gerade die höhere Zielsetzung in jungen Jahren und im reiferen Alter ist für ein Alter in Würde von großer Bedeutung.

Jung oder alt – der Mensch sollte sich zur Bewußtheit durchringen, daß das Erdenleben nur eine Vorstufe zum höheren Leben ist und das Hinscheiden nur Übergang in eine andere Daseinsform, die wiederum Leben bedeutet. Der Lebensgewinn, von dem Jung und Alt sprechen, liegt nicht in der vielseitigen Ablenkung der Sinne, sondern in der Zielsetzung und in den Schritten zum ethisch-moralisch höheren Leben.

In der Jugend stellen wir die Weichen dafür, wie wir im Alter sein werden, wie wir unser Ältersein gestalten und wie unser Leben nach dem irdischen Leben aussehen wird.

Nutzbringend oder nutzlos? Gelebtes Leben schützt vor Schwäche, Einsamkeit und Altsein.

Wir haben es also selbst in der Hand, wie wir unser Erdenleben gestalten und wie wir im Alter sein werden. Die Waage, die Denken und Verhalten heißt, wägt, und der Körper lotet aus und bringt das Für und Wider an sich selbst zum Ausdruck. Es kommt für den älter werdenden Menschen also ganz auf ihn selbst an, ob er in der Jugend, spätestens in der Reifezeit, in der Mitte seines Erdenlebens, seinem Leben einen höheren Sinngehalt gab, der ihm im Alter von Nutzen ist, oder ob er nur an sich dachte, an sein Wohl und Ansehen, und immer nur darauf Wert legte, Geld und Güter zu erwerben und zu horten. Eventuell schloß er gerade noch die Familie mit ein; darüber hinaus galt wenig, vielleicht noch Sport, der aber auch nur dem Eigenwohl oder dem Vergnügen diente.

Das Interesse der meisten Menschen endet am Tellerrand. Im Alter, am Abend des Erdendaseins, fragt sich dann so mancher: War das, was ich erstrebt und erreicht habe, nutzbringend oder nutzlos? Wem habe ich wirklich gedient? – Der eine oder andere ältere Mensch wird dann zur Überzeugung kommen, daß er die Zeit weitgehend mit sich selbst beschäftigt war und sich nur selbst gedient hat. Eventuell war er gerade noch für die Familie da – und wie oft halbherzig?

Die Frage, die ihm kaum Antwort gibt, heißt: „Das war's dann?" Oder: „War das mein Erdendasein?" Oder: „War das das Leben?"

Wohl dem, der sich diese Frage zu einem Zeitpunkt stellt, zu dem es ihm noch ohne große Schwierigkeiten möglich ist, die Weichen neu zu stellen.

Einen Kampf bzw. Kämpfe mit sich selbst kostet es immer. Aber es lohnt sich!

Viele ältere Menschen beschäftigen sich mit dem Leben und Sterben und mit der Frage: Gibt es ein ewiges Leben, eine ewige Heimat oder ein Weiterwandern der Seele, ähnlich, wie der Mensch ständig auf Wanderschaft ist? Ist auch die Seele auf der Suche nach Glück und Geborgenheit? Und so mancher ältere Mensch blickt prüfend zurück: „Habe ich das Leben nach dem Leben angestrebt? Habe ich meine Erdenzeit genützt? Habe ich nach dem Reich Gottes getrachtet? Ja, habe ich überhaupt über das Morgen nachgedacht?"

Das Alter bringt so manchen wesentlichen Aspekt zum Vorschein, der in jüngeren Jahren eventuell nur kurz angedacht wurde oder im scheinbar sinnerfüllten Dasein der Jugend keinen Platz hatte. Jeder kann sich – so er möchte – auf das, was ihm sein Erdendasein zu bedenken gibt, aus dem Repertoire seines persönlichen Denkens und Verhaltens selbst die Antwort geben. Wer sich so oder ähnlich auf den eigenen Prüfstand begibt, bewegt sich automatisch auf die Frage zu: „Ist heute noch Zeit, das Versäumte nachzuholen?" Manch älterer Mensch kommt zur Einsicht und denkt: „Im Alter erkenne ich nun, daß jeder Augenblick wichtig gewesen wäre, ihn zu nützen. Ich hätte mein persönliches Erdenleben in die Hand nehmen sollen und das tun, was nicht unbedingt nur dem eigenen Wohl gedient hätte."

Lieber Leser, es ist selten zu spät, über den Tellerrand hinauszublicken und sich selbst darüber Rechenschaft zu geben: „Entspricht heute mein Denken und mein Verhalten dem Leben nach dem Leben?" Rückblickend zählt so mancher ältere Mensch die Jahre. Wichtiger als die Zahl der Erdenjahre ist die Frage: Habe ich wirklich gelebt? Habe ich an das Weiterleben nach diesem Erdenleben nur bei einem Begräbnis eines Verwandten, Bekannten oder eines Familienmitgliedes gedacht? Oder habe ich in mein Leben die Gebote Gottes und die Wegweisungen des Jesus, des Christus, mit einbezogen?

Lassen wir diese Gedanken ruhig noch einmal an uns vorbeiziehen, um heute und jetzt darüber Klarheit zu gewinnen, wie wir jetzt und heute leben wollen, welchen Sinngehalt wir jetzt und heute unserem Denken, unseren Worten und unserem Verhalten geben möchten. Wer noch nicht im „geistigen Koma" liegt, der hat immer noch die Möglichkeit, seinem Leben eine gewisse geistige Reife zu geben.

Heute und jetzt hat jeder von uns die Chance, sein Gemüt freizubekommen von Angst, Neid, Abwertung des Nächsten, von ungezügelten Leidenschaften, die unsere Seele schwächen und auch dem Körper mehr Energie entziehen, als sie ihm bringen, und weiterem mehr. Am verheerendsten wirken sich unsere Gedankenausflüge in die Vergangenheit aus. Sie kosten unseren Körper viel, viel Lebensenergie.

Wer die Zeit der Jahre nützt und seine Vergangenheit rechtzeitig bewältigt, der wird im Alter nicht traurig, betrübt oder gar voll Zorn, Erbitterung und Verbitterung zurückblicken. Ganz im Gegenteil – sein Alter wird zum Lebensgewinn für sich selbst und für andere.

Solche Menschen besitzen Weisheit. Sie haben das Unerledigte aus der Vergangenheit aufgearbeitet; sie nützen und leben den Tag. Sie sind dankbar für die Freude, nützlich und brauchbar für Gott und ihre Mitmenschen sein zu dürfen. Diese Lebensfrische und Lebensbejahung geben sie an ihre Umgebung, an ihre Mitmenschen, an Tiere und

Pflanzen weiter. Die positive, aufbauende Energie fließt auch in das ein, was sie tun, und strahlt daraus wiederum jene an, die dafür empfänglich sind.

Solche Menschen sind darauf bedacht, stets Ruhe und Gleichmut zu bewahren. Ihr Wesen ist gekennzeichnet von Geradlinigkeit, gleich Wahrhaftigkeit. Ihre Zuversicht gründet in ihrem Vertrauen in die ewige Kraft, die in ihnen selbst und in allen Situationen des Tages alles zum Besten zu lenken und zu führen vermag.

In den Menschen, die ihr Leben geistig gestaltet haben, wirkt der ewig junge Geist, der sie durchsonnt und der sie jugendlich, geistig wach, rege und zielbewußt im Denken und Wirken hält. Wer die höheren Werte beachtet und danach lebt, der gibt seinem Erdendasein mehr Inhalt und Gehalt. Wer nicht spätestens in der Mitte seines Erdenlebens das höhere Leben anstrebt, der fühlt sich im Alter meist alt und ist – was das Leben betrifft – oftmals geistig tot.

Woran liegt es, daß diese Gefahr besteht? Der Mensch, der am wahren Leben vorbeilebt, kerkert sich und seine Seele gleichsam ein. Seine hemmungslos und bedenkenlos gepflegten Gegensätzlichkeiten und seine Verhaftung in der Veräußerlichung haben die periphere Schale des Nur-Menschlichen um den göttlichen Wesenskern im Zentrum seiner Seele undurchdringlich und hart werden lassen. Dadurch tötet er sein Gewissen ab. Aufgrund all dessen können Einsicht, Mitgefühl und oftmals sogar die Vernunft kaum mehr zur Entfaltung kommen.

Leben ist Gott. Das gelebte, wahre Leben schützt uns im Alter gegen Schwäche, Einsamkeit und Altsein.

Der Lebensgewinn für das Alter entwickelt sich in der Jugend und in der Reifezeit, in der Mitte des Erdendaseins.

Entscheidend für ein glückliches, friedvolles, gesundes und erfolgreiches Leben ist die tägliche Entscheidung, die immer wieder die Frage in den Vordergrund rückt: Wofür lebe ich? Warum und wozu tue ich dies und jenes? Fülle ich meine Arbeit mit wahrer Intelligenz aus, und ist meine Leistung qualitativ hochwertig? Wie sehe ich meine Zukunft? Was will ich? Was ist mir wichtig?

Bei allen Fragen, die wir in jedem Lebensalter an uns selbst richten, ist stets die Zielsetzung entscheidend, aus der sich die Motivation für unser Tun und unser Unterlassen ergibt. Das Maß einer höheren Ethik und Moral sind immer die Zehn Gebote Gottes und die Lehren des Jesus, des Christus, von denen eine zentrale Aussage in jedem Lebensalter Bedeutung gewinnt: Was du willst, daß dir andere tun, das tue du ihnen zuerst. Oder, anders gesprochen: Was du nicht willst, daß man dir tu', das füg auch keinem anderen zu.

Entscheiden und handeln wir entsprechend, so sind unsere Erdentage fruchtbringend für uns selbst und für andere, und wir werden auf dem Weg der Bewußtseinsevolution zügig voranschreiten.

Der entscheidende innere Schritt für den Werdegang unseres irdischen Lebenslaufes, ob in der Jugend, ob in der Mitte des Lebens oder im Alter, ist die Erkenntnis, daß das ganze Erdendasein ein Lernen ist. Wer aufhört, zu lernen, kann geistig nicht reifen. Mit seinem angeeigneten Wissen bleibt er nicht nur stehen, sondern bewegt sich rückwärts.

Das Leben ist für Mensch und Seele ständige Evolution. Lernen, das in neues, übergeordnetes Denken und Verhalten einmündet, hält den Geist lebendig und den Körper jung.

In der Hoffnung liegt eine höhere Zielsetzung.

Die Hoffnung weckt die Lebensgeister und gibt uns Kraft, die Schritte auf unser gestecktes Ziel hin zu tun. Wer das Hoffen und Planen aufgegeben hat, der hat auch keine Kraft für höhere Ziele. Daraus entwickelt sich allmählich die Frustration, die Einsamkeit, die Verlorenheit, die Haltlosigkeit und die Heimatlosigkeit. Das Resultat solchen Verhaltens sind das Alt- und Gebrechlichsein, Resignation, Depression und Verbitterung.

Wie wunderbar kann das Alter sein, wenn sich der Mensch in jungen Jahren, spätestens ab der Mitte seines Erdenlebens, mit dem Inneren Leben beschäftigt! Dann ist im Alter sein Leben Erfüllung durch die Kraft des ewig jungen Geistes, des Geistes Gottes.

Menschen, die ihr Leben in die Hand genommen haben, werden nie heimatlos sein. Sie wissen sich geborgen und sind sich des Weges zum Leben nach dem Leben bewußt. Menschen, die den Weg der Verinnerlichung gehen, werden ruhiger und gelassener. Ältere Menschen werden frei von äußerem Drängen und Wünschen. Sie blicken nach innen zum ewigen Geist, der in der Seele jedes Menschen wohnt, in der Gewißheit des Lebens, das ewig währt.

Wer ohne Angst vor dem Leben nach dem Leben ist, der fühlt sich zeitlos und in seiner Seele ewig jung.

Jugendlich ist der, der sein Alter annimmt.

Das Alter annehmen heißt: nicht vergreisen. Wer sich in der Jugend und in mittleren Jahren zielbewußt auf höhere Lebenswerte besinnt und diesen zustrebt, der wird im Alter dynamisch und jugendlich bleiben. Der Mensch ist nun mal sein Gedankenkörper. Was er immer wieder denkt, zu dem wird er.

Die Vergreisung beginnt mit den vielen Klagen über das mißliche Erdenleben: daß es so rasch dahineilt, daß auch der materielle Reichtum, den er, der Mensch, sich so mühsam erworben hat und der sein Lebenswerk, ja sein Leben war, zerrinnt, und daß man am Ende seiner Tage allein und eventuell sogar als Bettler dasteht. Das Jammern und Klagen eines solchen Menschen gilt einzig seiner

Vergänglichkeit. Er spricht vom Welken und von denen, die angeblich das „Schöne" in seinem Leben zertreten haben. Er denkt über die Süße in seiner Jugend nach, die nun im Alter bedeutungslos wurde, und vieles mehr.

Wer nur um sich selbst kreist, der ist alt, einerlei, wie viele Jahre sein Erdendasein zählt. Menschen, die einzig mit sich selbst befaßt sind, haben in ihrer Jugend und in der Mitte ihres Lebens, in der Reifezeit, ihr Leben nicht gelebt. Sie ließen sich von ihren Gedanken treiben, auch von ihren Wünschen, Sehnsüchten, Vorstellungen und Leidenschaften, und waren Tag für Tag, von morgens bis abends nur mit sich und ihren materiellen Eroberungsmechanismen beschäftigt.

Wir Menschen entscheiden zwischen Jugend, Ältersein und Altsein. Das Alter an Jahren muß jedoch, wie inzwischen wohl deutlich wurde, nicht dem Altsein zugeordnet werden. So mancher ältere Mensch kann sich noch vieles erfüllen, dann, wenn er in der Jugend das Leben in seinen Händen hielt.

Könnte man doch in das Herz der Jugend sprechen: Nütze jede Lebensstufe für dein geistiges Wachsen und Reifen! Denn geistige Reife bedeutet im Alter Beglückung und Sinnerfüllung.

Der Mensch, der in der Jugend und im mittleren Alter höhere Charakterbildung angestrebt hat, dem ist es auch möglich, im Alter die Rose des Lebens zu pflücken, was bedeutet, jeden Tag mehr aus der Quelle des Lebens zu schöpfen, denn das gelebte Alter kennt keinen Verzicht, sondern die Erfüllung des Lebens. Lerngeübte ältere Menschen lassen die schönen, wertvollen Zeiten der Jugend im Alter lebendig werden, die sie immer mehr nach innen führen, hin zur ewigen Heimat.

Irgendwann wird jeder von uns Menschen erfühlen und erfahren, daß er nur Gast auf dieser Erde ist, daß er nichts zu halten und auch nichts zu behalten vermag, weil für jeden irgendwann die Stunde kommt, da er alles zu lassen hat, sowohl den Reichtum als auch das Armsein. Nur das gelebte wahre Leben hat Bedeutung, nicht die Lust am Erdendasein.

Es ist ein Naturgesetz, daß die Körperleistung mit den Jahren abnimmt. Der Geist jedoch bleibt wach und bleibt im Innersten des Menschen lebendig. Wer nie aufgehört hat, sich selbst zu fordern, indem er die Ereignisse des Tages als Aufgaben und Lernschritte ansah und annahm, findet im Alter die geistige Erneuerung und erfährt die Wirklichkeit, die lebensgewinnend ist.

Es ist nie zu spät, in jedem Lebensalter in sich selbst das Gute zu finden, denn das Leben kommt nicht von außen, sondern von innen. Das wahre Leben schenkt uns Frieden und innere Gewißheit, die den Menschen reich an Lebensqualität macht. Es gibt Sicherheit und Faszination, den Tag zu verstehen, zu ergründen und zu leben. Das ist der Weg zum Reich Gottes, denn jeder Mensch ist nur Gast auf dieser Erde.

Wenn junge Menschen auch der Meinung sind, sie hätten noch viele Jahre Zeit, sich über das Leben und das Alter Gedanken zu machen, so wäre es doch hin und wieder angebracht, darüber nachzudenken, daß für jeden einmal die Stunde da ist, in der die Seele von der Erde gehen wird. Wann dieser Augenblick kommt, weiß niemand, ob es in jungen Jahren ist oder im Alter. Wer das bedenkt, der wird schon in jungen Jahren die Frage stellen, was geistig Wachsen und geistig Reifen bedeutet.

Jesus, der Christus, gibt Jung und Älter die unschätzbare Hilfe, die jeder nachvollziehen kann: Was du nicht willst, daß man dir tu', das füg auch keinem anderen zu. – Wer diese geniale Lebensregel beachtet, wer sie in sein Denken und Verhalten einbaut und in seinem Leben und in seinem Erdendasein zur Richtschnur werden läßt, dessen Leben wird reich an Erfahrung. Wer sich an diesen Lehrsatz hält, dessen Sinne, Gesinnung und Lebensart verfeinern sich. In der Welt seiner Gedanken werden dann die Lebensweisheiten offenbar, die das Leben reich machen. Menschen, die diese Lebensregel anwenden, werden nie heimatlos sein und im Alter nicht traurig und verbittert, die Stunde ihres Hinscheidens abwartend.

Wer sein Erdenleben mit den Lebensregeln des Jesus, des Christus, füllt, der kann sagen: Leben ist unvergänglich. In Christus bin ich ewiges Leben.

Es ist ein Naturgesetz, daß die Jugend vergeht. Die Jugendlichkeit jedoch gehört jenem älteren Menschen, der in der Jugend zur Einsicht gelangte, daß Altern niemals Altsein heißt und Welken niemals geistige Schwäche ist. Obwohl mit den Jahren die Körperkräfte nachlassen – der ewige Geist ist davon nicht beeinträchtigt.

Ein Rat an junge Menschen: Hört niemals auf, zu lernen! Gerade junge Menschen sehnen sich nach Freiheit und Glück. Der Schatz, der uns diese

Kostbarkeiten wahrlich zu schenken vermag, ist auf Dauer nicht in der Welt zu finden. Jede Suche in der Welt ist ein Risiko und führt irgendwann zur Enttäuschung. Das Glück, das man in der Welt sucht und glaubt, gefunden zu haben, gleicht einer Fata Morgana: Man freut sich, auf eine wunderschöne Oase zuzuwandern, malt sich unter Umständen aus, wie man sich unter dem Blätterdach der Palmen ausruhen und erquicken und dort seine Heimat finden wird. Doch kaum glaubt man, den Ort des Glücks mit den Händen greifen zu können, beginnt die vermeintliche Oase schon zu zerrinnen und erweist sich als Trugbild, als Schein.

Deshalb der Rat, das Glück und die Freiheit im Innersten zu finden. Die angewandte Goldene Lebensregel des Jesus, des Christus, ist der Weg zum Schatz, der das wahre Leben ist. Somit ist Gott, das Leben, der Schlüssel zur Weisheit und Gerechtigkeit. Das gilt sowohl für den jungen Menschen als auch für den Menschen in mittleren Jahren und ebenso für den älteren. Wer den Sinn des Lebens erfaßt hat, wird sich niemals aufgeben, ob in der Jugend oder im Alter.

Das wahre Leben, das auch als Einheit bezeichnet werden kann, hat einen gewissen Gemeinschaftssinn. Wer nach Gemeinsamkeit und Einheit strebt, wer in seinem Erdendasein die Goldene Lebensregel beachtet, der wird sich nicht gegen Menschen richten; er wird auch kein Tier töten, das Fleisch eines Tieres nicht verzehren und wird auch der Mutter Erde keine Gewalt antun. Menschen, die dieses Bewußtsein verkörpern, werden keine Einzelgänger sein, sondern bis ins hohe Alter die Süße Inneren Lebens kosten und damit ihre Tage füllen – die sodann wahrlich gefüllt sind mit viel, viel Leben.

Einerlei, in welchem Lebensalter wir stehen: Wir vergeben uns nichts, wenn wir uns geistig entwikkeln. Ganz im Gegenteil, wir gewinnen Lebenskraft, weil wir leben. Wer das junge Herz mit dem Reichtum des Lebens füllt, dessen Herz wird im Alter im jugendlichen Takt weiterschlagen.

Die Welt könnte gesunden, wenn immer mehr Menschen lernen würden, mit beiden Füßen fest auf der Erde zu stehen und „mit dem Haupt", mit dem Herzen, dem Himmel näher. Wir Menschen sind auf der Erde, um zu lernen und unseren Lebensweg zu gehen, der uns zu innerer Reife und Wachheit führt. Wachheit und Weisheit erlangt nur der, der stufenweise in das Bewußtsein findet, daß das Leben der Schatz der Ewigkeit ist und daß ausschließlich der Geist die Seele zu durchlichten vermag und den Körper jugendlich hält.

Alter muß nicht Altsein bedeuten. Das Fallenlassen in Resignation fördert Trägheit und Abbau der Kräfte.

Alles, was der Mensch sieht und nicht sieht, beruht auf Energie. Energie ist unzerstörbar. Die Seele des Menschen ist unauflöslich; sie ist formgewordene Energie. Auch der physische Körper ist formgewordene Energie.

Jede Körperform ist geprägt vom Menschen selbst. Von Jugend an schafft sich der Mensch sein spezifisches Lebensbild, das sich durch die Energiequalitäten seiner Gedanken, seiner Wünsche, seines Wollens, seines Tuns und Unterlassens gestaltet. Diese Selbstgestaltung geht in sein Ober- und Unterbewußtsein ein, und mit der Zeit prägt sein Verhalten seine Körperzellen sowie Form und Struktur seines Körpers. Spätestens im Alter zeichnet die Prägung den physischen Leib.

Die angewandte Goldene Lebensregel des Christus macht den Menschen frei, jugendlich und hält ihn gesund. Das Grüblerische hingegen, das Negative in Gefühlen und Gedanken, schon von Jugend an gepflegt, das im Alter offenbar wird, zeigt sich in Schmerzen, Leiden und Krankheiten. Hinzu kommt, daß gerade Neid und Haß in der Jugend den älteren Menschen später häßlich werden läßt.

Viele Menschen, die sich von ihren „Körperbildern", von ihren energetischen Eingaben, haben beugen lassen, tragen schwer und schmerzvoll ihr Schicksal. Nicht selten geben sie jenen die Schuld, die ihnen dies, wie sie glauben, im Erdendasein aufgebürdet haben.

Wer sich die Last eines anderen auferlegen läßt, ohne sich zu fragen, warum er selbst so schwach war, daß ihm ein anderer seine Lastenwelt aufbürden konnte, der hat nicht gelernt, den Anteil seines Verhaltens zu finden. Was wir anderen an Negativem zusprechen, in dem liegt auch unser Anteil. Wer seinen negativen Anteil bereut und bereinigt, der wird an seiner Situation nicht nur dem anderen die Schuld geben und wird auch nicht weiter darüber grübeln, wer den größeren Anteil Schuld hat.

Er wird auch nicht weiter gehässig und neidisch seine Tage vergeuden, sondern schleunigst den Anteil seines Allzumenschlichen, seines Sündhaften, beheben.

Wer sein erkanntes Gegensätzliches bereut und bereinigt, der ist auch bereit, dem anderen zu vergeben, der auf ihn einwirkte und Druck ausübte. Wer sein Für und Wider erkennt und sein Gegensätzliches, das ihm anhaftet, behebt, der beginnt zu leben. Sein Zukunftsbild wird lichter; er selbst wird freier und wird befreit sein von einer Last, die ihn oftmals viele Jahre niederdrückte.

Ein Mensch, der im Alter sein Erdenleben dahingehend ordnet, daß er seine Schuld bereut und bereinigt und dem anderen vergibt, der sich an ihm versündigt hat, der fühlt sich frei und glücklich; ihm ist bewußt geworden, daß das Grab, das sich irgendwann für jeden öffnet, nur der Hülle der Seele gilt, nicht der Seele selbst, weil sie aus dem unsterblichen Geist hervorging und unvergängliches Leben trägt.

Jeder Tag ist jedem Menschen gegeben, damit er seine Lebensinhalte, die der Tag aufzeigt, erkennt und erforscht, um das Gute zu finden, aufzubauen und zu entwickeln. Für den, der danach leben möchte, heißt das: nicht müde zu werden. Jeder Tag ist voll von Energie. Der Tag zeigt keine Müdigkeit auf, ganz im Gegenteil – er bringt weitere Energie mit für den nächsten Schritt zum wahren Leben, den wir heute tun sollen.

So mancher Mensch, der von seinem Erdenleben enttäuscht ist, nimmt die schwindenden, gleich scheidenden Kräfte zum Anlaß, der Müdigkeit Vorschub zu leisten mit der Begründung, das sei das Alter. Im Alter ruft jedoch nicht unmittelbar der Körper nach Ruhephasen, sondern vielmehr die Seele. Unsere Seele, die sich ganz allmählich auf das Jenseits, auf die Wanderschaft „drüben" vorbereitet, verlangt nach dem Innehalten, nach der Besinnung darauf, was Leben bedeutet. Warum?

Unsere Seele sehnt sich nach dem Leben, das Freiheit, friedvolles Sein und Einheit bedeutet. Inständig bittet sie uns, ihren Menschen, den Weg dorthin einzuschlagen und die notwendigen Schritte an der Hand Gottes, an der Hand unseres Erlösers, Christus, zu gehen.

Für den Menschen bedeutet „Leben" die Lebensführung in Übereinstimmung mit den Geboten Gottes und mit den Lehren des Jesus, des

Christus. Oftmals sind es nicht einmal erhebliche Hürden, die zu überwinden sind. Alte Gewohnheiten im Denken, Gewohnheiten im Handeln sind sehr wohl zu durchbrechen, wenn unsere Motivation, uns zu ändern, sich am lohnenden Ziel orientiert. Dieses könnten wir uns, so wir das möchten, des öfteren vergegenwärtigen, um es als leuchtendes Bild in uns erstehen und in unserem Inneren nachschwingen zu lassen.

Bitten wir doch Christus um Beistand! Er, der jeden von uns liebt und jedem so gern helfen möchte, wird ganz sicher unsere positiven, gottgewollten Regungen verstärken und die feinen Empfindungen unseres hohen inneren Seinsbildes beleben. Die Entscheidung jedoch, den Schritt zu tun und das Erforderliche zu ändern, liegt und bleibt ganz bei uns, beim Menschen selbst. Christus wird niemals in unseren freien Willen eingreifen, der ein wesentlicher Bestandteil unseres ewigen Erbes ist.

Der weise ältere Mensch, der die Lebensregeln des Jesus, des Christus, von Jugend an beachtet hat und auch im Alter beachtet, wird sich am Tag immer wieder einmal nach innen wenden, um von der Kraft des Geistes zu empfangen, damit er als der rüstige Ältere das noch zu tun vermag, was auch seinen Mitmenschen und den Naturreichen dient. Menschen, die sich das großartige Bewußtsein der Goldenen Lebensregel erarbeitet haben, verschwenden keinen Gedanken an die Müdigkeit des Alters, sondern planen Ruhephasen ein, um in die Stille zu finden, die Gott im Seelengrund jedes Menschen ist.

Schwäche und Energiearmut des physischen Leibes sind oftmals nur Ausdruck von Resignation des Menschen, seine Weigerung, die Beschwerlichkeiten seiner Lebensumstände als <u>seine</u> Lernaufgabe anzunehmen und diese zu lösen, anstatt hartnäckig und verbissen darauf zu beharren, daß die Umstände bzw. seine Mitmenschen sich ändern sollten.

Wer sich der Müdigkeit des Körpers hingibt, die – wie der Mensch vielfach denkt – von den Enttäuschungen und den Bitternissen wegen einer mißlungenen Vergangenheit herrührt, der fördert die Trägheit, den Abbau der Kräfte. Das leistet dem Altsein Vorschub.

Der Aufbau einer höheren Zielsetzung.

Ein höheres Ziel, das anzustreben dem Wunsch des eigenen Herzens entspricht, beflügelt. Dieses innere Engagement, die Beschwingtheit und Begeisterung teilt sich auch den Organen, den Körperzellen, den Nerven mit, die auf diese positiven und lebensvollen Impulse mit erhöhter Leistungsfähigkeit reagieren. Das Ziel von edler Art ist die Basis für die rechte Motivation, die manches Beschwerliche leichter bewältigen läßt und manches zunächst Unverständliche ins rechte Licht rückt. Dies alles verleiht dem Tag und dem Tagwerk Sinn und eine Freudigkeit, die ausstrahlt.

Je eher sich der Mensch auf seinem irdischen Lebensweg höheren Werten und dem Inneren Leben zuwendet, desto rascher vermag er sich geistig zu entwickeln, also sein geistiges Bewußtsein zu entfalten. Doch auch der schon älter oder gar alt gewordene Mensch muß nicht verzagen oder sich gar das „zu spät" zusprechen. Denn hat sich ein Mensch in jungen Jahren kein höheres Ziel gesteckt, dem er zustrebte, dann könnte er es im Alter anstreben, so weit, wie es ihm noch möglich ist.

Wem es schwer fällt, sich eine höhere Zielsetzung zu erarbeiten, der könnte sich an der Natur orientieren, die keinen Stillstand kennt. Jeder Baum und jede Pflanzenart lebt artgerecht und entfaltet sich gemäß ihrem Entwicklungsstand. Alle Formen der Natur, einschließlich der Tiere, bleiben im kosmischen Strom des Lebens, einerlei, was der Mensch mit ihnen macht. Keine Pflanze und kein Tier belastet sich – sie sind und bleiben in Gottes Einheit. Die Grausamkeiten, die Menschen an der Natur und an den Tieren verüben, ist die Sünde, die Belastung des Menschen.

Die vier Jahreszeiten, Zyklen der Natur, die in der Kommunikation mit der Sonne, mit den entsprechenden Planeten und Magnetströmen stehen, geben das Erwachen, das Wachsen, die Reifezeit und auch die Ruhezeit vor. Der Frühling gibt in der Natur die Impulse zum Erwachen und zum Erblühen. Er reicht dem Frühsommer die Hand. Die Tiere wechseln ihr Haarkleid; sie bekommen ihr leichtes und luftiges Sommerfell. Der Frühsommer bringt den Ansatz der Früchte zum Reifen, und der Spätsommer reift die Früchte aus. Hat der Spätsommer die Früchte weitgehend zur Reife gebracht, dann deutet sich schon wieder an, wie sich das Leben wieder für den neuen Frühling vorbereitet. Im Frühherbst erkennt man dann deutlich, daß die Natur schon für das nächste Jahr ihr Ziel vorgegeben hat. Auch die Tierwelt ist in das wunderbare Naturgeschehen eingebunden: Bestimmte Tierarten wechseln ihr Sommerhaarkleid zum dichten Winterfell. Im Spätsommer und Frühherbst sorgen bestimmte Tierarten ebenfalls für den Winter vor; sie legen sich einen Vorrat an, um den Winter zu überdauern.

Eine weitere Hilfe zur Zielsetzung: So mancher hat viel spirituelles Wissen. Im Spektrum all dessen, was er gelesen, gehört und sich „im Kopf" angeeignet hat, gibt es doch immer ein, zwei Aspekte, die ihn besonders faszinieren, die er für wesentlich, wertvoll und fruchtbringend hält. Erwählt der Mensch sich diesen Aspekt bzw. diese Aspekte als höheres Lebensziel, bejaht er es und hält es gleichsam hoch, so kann das unter Umständen eine erfolgversprechende Basis für Weiteres sein.

Was wir bejahen und immer wieder bewegen, ist wie ein Programm, das wir unseren Gehirnzellen eingeben. Mit der Zeit kommen dann auch mehr und mehr Impulse, Bejahungen aus unserem Herzen hinzu, die wir uns notieren können. Diese zu lesen und uns einzugeben, macht uns dann auch zunehmend Freude. So entsteht nach und nach ein lebendiges, ein höheres Zielbild, mit dem wir uns weiter auseinandersetzen können. Es ist eine Art positive Matrize, die wir weiter ausbauen, bis wir sie mit unserem Fühlen und Wollen durchdrungen haben.

Anzumerken wäre dazu noch: Je öfter wir uns mit diesem unserem sich herauskristallisierenden Zielbild befassen, je öfter wir es lesen, desto öfter werden wir uns auch in Situationen unserer Tage an einzelne Aussagen erinnern. Unsere eigenen Lebensprinzipien helfen uns sodann, in dieser und jener Frage in unserem Inneren Klarheit zu gewinnen, so daß wir immer sicherer in unseren Entscheidungen werden und immer mehr die innere Freiheit verspüren, aus der Freude, Dynamik und Tatkraft erwachsen.

Jede Jahreszeit hat ihren Rhythmus, ihre Orientierung. Viele Menschen hingegen sind orientierungslos. Was sie sich heute vornehmen, verwerfen sie morgen. Die Natur, zu der – ob wir uns das eingestehen wollen oder nicht – auch der physische

Körper gehört, ist eingebettet in den kosmischen Kreislauf der vier Jahreszeiten mit ihren Monaten, Wochen und Tagen. Ähnlich, wie der Tag die Natur lenkt, das werden zu lassen, was heute z.B. für die Pflanze vorgesehen ist – das Sprießen eines Keimlings, das Entfalten einer Knospe, weiteres Wachstum oder Schritte des Reifens der Frucht –, so strahlt auch uns jeder Tag das zu, was wir heute, an diesem Tag, erkennen sollten, um in das Leben, das Gott ist, hineinzureifen.

Aus dem Bann des Kausalgesetzes gelangen. Habe Mut!

Die Natur ist sich der Vorgänge von der Saat bis zur Ernte bewußt. Was im Herbst oder im Frühjahr gesät wird, geht im Früh- oder Spätsommer auf und trägt die entsprechende Frucht.

Von älteren Menschen, die sich mit dem Begriff „Saat und Ernte" im Sinne des Kausalgesetzes, des Gesetzes von Ursache und Wirkung, anfreunden, hört man immer wieder: „Hätte ich früher gewußt, daß die Schicksale, auch die Trübnisse vieler Erdentage die Ernte meiner Saat aus dieser oder aus Voreinverleibungen sind! Wenn ich gewußt hätte, daß sie ähnlich wie ein Echo dem einst verursachten Unguten als Wirkung folgen, dann hätte ich sicher von Jugend an meine Denkrichtung und mein Verhalten überdacht und höheren Kräften die Möglichkeit gegeben, mich zu lenken und zu führen." – Eine Gewissensfrage, die viele von uns betrifft: Ist diese Ausrede auch dann haltbar, wenn wir schon in der Jugend von den Geboten Gottes wußten und von den so praktisch anwendbaren Lehren des Jesus, des Christus?

Die Weisungen aus dem Geiste, aus den Geboten und den Lehren des Jesus, des Christus, zeigen dem Menschen den Weg, wie er leben sollte. Ob jung oder älter – jeder Tag ist für den ein Lebensgewinn, der sich nach den Hinweisen des Geistes richtet. Der Lebensgewinn durch die Erfüllung der höheren Werte gibt Weitblick und Einblick, auch was die Schicksale anbelangt, die den Menschen heute oder morgen treffen können.

Der durch geistige Strebsamkeit geistig wachsende und reifende Mensch erlangt immer klarer die Einsicht, daß Schicksale nicht von außen kommen, von keiner fremden Macht, die den Menschen sozusagen willkürlich überfällt, sondern daß jeder Mensch selbst jegliches Ungemach als Saat in seine

Seele und in seinen Körper eingegeben hat. Irgendwann keimt die Saat, sie reift, und der Körper, der Mensch, erntet, was er gesät hat. Wer zu dieser naturgemäßen Wahrheit findet, der wird seinen Mitmenschen nicht die Schuld für sein Schicksal geben.

Merken wir uns folgendes: Es ist unsere Saat, die unsere Ernte hervorbringt, nicht die eines anderen.

Nur das Umdenken, die Erkenntnis und die tiefe Reue führen zur Bitte um Vergebung und zum Vergeben. Und so wir Gleiches und Ähnliches nicht mehr denken und tun, gelangen wir aus dem Bann des Kausalgesetzes: „Was der Mensch sät, wird er ernten." Der Unrat, der sich auf unserem Lebensweg als Hindernis aufgetürmt hat, wird durch Reue und Bereinigung und Nicht-mehr-Tun beseitigt, so daß der ewige Geist, der die Liebe ist, uns beizustehen und zu führen vermag.

Wer daran glaubt, wird für sich eine Entscheidung treffen und, so er mag, dem Ruf folgen: Habe Mut! Wende dich täglich – wenn möglich, öfter am Tag – an den unendlichen Geist der Liebe und Barmherzigkeit in dir. Er weiß um deine Belange. Er kennt deine Schwächen und deine Stärken. Bete und vertraue dich Ihm an! Das Echo, das aus dem Urgrund deiner Seele kommt, ist Freiheit, Freude, Lauterkeit und Edelmut. Das ist die Antwort Gottes. Die bisherige Angst vor dem Kommenden, z.B. vor der Einsamkeit, vor Schwierigkeiten und Problemen, wandelt sich in Geborgenheit, die wiederum aus dem Innersten strömt, von dem Ewigen, der dein Leben in Seinen Händen hält; es ist der Vater der Ewigkeit.

Spätestens im Alter wird unser selbstgezeichnetes Charakterbild sichtbar.

Der Mensch ist nie zu jung und nie zu alt, sich dem ewigen Geist im Urgrund seiner Seele anzuvertrauen, denn das Leben, der Geist, strömt unaufhörlich. Gott, das Leben, ist die Liebe und der Friede, die einzig den Menschen zu beseelen vermögen. Das schöne Reden z.B. von „Leben", „Liebe" oder „Frieden", mit dem sich viele begnügen, ist nichts anderes als ein kurzes Intermezzo mit schalem Nachgeschmack, denn es ist doch letztlich Selbstdarstellung und somit egoistisch.

Alles, was auf den Körper und auf das Ego bezogen ist, hat auf Dauer keinen Bestand. Sobald wir die menschlichen und zwanghaften Verhaltensmuster – wie: einer verlangt vom anderen – unser „Lebensglück“ nennen, ist dieses schon im Vergehen. Die meisten Menschen sehnen sich ihr Erdenleben lang nach Glück und Sicherheit. Die Welt konnte und kann das auf Dauer nicht bieten, sondern nur eine befristete Illusion.

Wir Menschen sind nur Gast auf Erden, ob wir es glauben oder nicht. Der einzige Gastgeber, der uns mit wahrer treuer Liebe, Sicherheit und Glück bewirten kann, ist der ewige Geist. Ihm gehört der Planet Erde. Erfüllt der Mensch die Lebensgesetze des ewigen Geistes, des Gastgebers, Seine Gebote und die Lehren des Jesus, des Christus, dann weiß er sich geborgen und ist nicht heimatlos.

Menschen, die zu dieser Erkenntnis gelangt sind, schätzen das Leben und alle Lebensformen der Erde, weil sie in das Bewußtsein des All-Lebens eingetaucht sind, das Gott, der Schöpfer, ist. Sie fühlen sich vom Gastgeber, dem allweisen Geist der Liebe, auf mannigfache Art und Weise beschenkt, und sie geben von dem, was durch den Kampf mit sich selbst und durch Verwirklichung in ihnen herangereift ist, dankbar und unaufdringlich weiter.

Menschen in Seinem Geiste sind Überwinder des noch Allzumenschlichen, dessen, was noch seelisch verkrustet ist. Sie trachten danach, es zu erkennen und sich davon zu lösen, denn sie wollen frei sein, glücklich im Geiste des Lebens.

Wer mit Gottes Hilfe sein Charakterbild verfeinert und seine Seele zum Kristall werden läßt, dessen Gesichtszüge sind ausgewogen, auch dann, wenn die Haut welk ist, denn, wie schon erwähnt, zeichnet sich jeder Mensch selbst mit der Energie seiner Gefühle, Gedanken, ja mit der Gesamtheit seiner Verhaltensweisen. Sein Charakterbild ist, bildlich gesprochen, sein Ausweis. Wir sollten nicht vergessen: Das Älterwerden des Menschen ist naturbedingt – das Altsein und charakterlich Verkrustetsein hingegen gehört nicht zum Naturell des Menschen. Der Mensch macht sich selbst alt, dann, wenn er nicht rechtzeitig den Pinsel, der aus Unzufriedenheit, Haß und Neid besteht, der seinen Körper zeichnet, aus der Hand legt.

Generell ist man der Ansicht, daß Menschen in der Blüte ihrer Jahre, deren Haut straff ist und noch keine Falten aufweist, jung seien. Ein Mensch mit 30 oder 40 Jahren kann jedoch oftmals schon älter sein als ein Mensch mit 50, 60 oder gar 80 Jahren. Es kommt nicht auf die Beschaffenheit der Haut an, sondern einzig auf die Einstellung zum Leben, auf die Selbstzeichnung seines Charakterbildes.

Es gibt Menschen, denen man in jungen Jahren schon die Prägung ihres zukünftigen Altseins ansieht. Andererseits gibt es ältere Menschen, die eine jugendliche Prägung haben, denn wer aus der Quelle des ewig jungen Geistes schöpft, dessen Haut ist im Alter wohl welk, aber sein Wesen ist jugendlich, seine Körperfunktionen sind intakt, weil er geistig rege und weiterhin lernfähig ist. Vermag der ewig junge Geist, das Licht Gottes, den Menschen zu durchstrahlen, dann erwacht die ewig junge Seele, die den welkenden Körper durchlichtet und dem Menschen bis ins hohe Alter jugendliche Frische und Rüstigkeit verleiht.

Es sei hier nochmals erwähnt: Viele Menschen sorgen sich Tag für Tag um ihren Körper und beschäftigen sich Stunde um Stunde mit ihren Unpäßlichkeiten. Die allerwenigsten merken, daß sie durch ihr Verhalten, durch ihre sorgenvollen Gedanken und Gespräche um den Körper letzten Endes diesem die Unpäßlichkeit oder gar Krankheit zusprechen. Denn alles beruht auf Energie. Auch Gedanken und Worte sind Energien. Die ängstlichen und sorgenvollen Energien werden von den Körperzellen aufgenommen und prägen mit der Zeit den Menschen.

Die Wirkung bzw. Auswirkung unserer Gedanken und Worte können wir auch mit dem Stimmen eines Musikinstrumentes vergleichen, denn mit unseren Gedanken und Worten stimmen wir gleichsam unsere Körperzellen ein. Somit liegt die Ursache für Gesundheit oder Krankheit in unserem Verhalten gegenüber unserem Körper, so, wie wir auch Jugendlichkeit oder Altsein im Alter selbst bestimmen.

Machen wir uns bewußt: Die Angst vor etwaigen Krankheiten ist der Weg zur Krankheit. Deshalb sollten wir uns angewöhnen, unser Herz mit Vertrauen zu Gott, dem Ewigen, zu füllen und uns von Angst, von Neid und Haßgedanken befreien.

Die Pflege im Alter

Der junge Mensch pflegt meist sein Äußeres; er will hübsch und attraktiv wirken. Das junge Gesicht verträgt viel Kosmetik, viel Farbe, um die ansprechenden Konturen hervorzuheben und die weniger vorteilhaften Linien zu überdecken. Der junge Mensch will sich auch keck geben und farbenfroh kleiden.

Der ältere Mensch hingegen sollte noch mehr auf die Reinlichkeit seines Körpers achten und auf eine aufrechte Haltung. Sein Gesicht, das nun mal Spuren des Älterwerdens oder des Älterseins zeigt, sollte er nicht mit kosmetischer Farbe überkleistern, damit das Gesicht nicht zu einer Maske wird. Natürliche Pflege mit einem Hauch kosmetischer Frische unterstützt eine dem Alter entsprechende Selbstsicherheit.

Ein reinlicher Körper und ein dezent gepflegtes Aussehen, dazu eine jugendliche Haltung wirken gewinnend, vor allem dann, wenn die Gedanken, ja das gesamte Verhalten zielbewußt nach innen gerichtet ist, in der Erfüllung dessen, was uns Jesus, der Christus, an Lebensregeln gab. Wessen Gemüt durchsonnt ist, der bleibt jugendlich, trotz der Prozesse des Welkens, trotz der Falten und des grauen Haares. Wer sein ganzes Erdenleben lang lernfreudig war und nach höheren Werten und Idealen strebte, der baute seinen Körper von innen her auf.

Sowohl in jüngeren als auch in älteren Jahren hängt der Erfolg der Schönheitspflege nicht allein von den Cremes und Wässerchen ab, auch nicht von der Gesichtschirurgie, sondern vielmehr von den Inhalten des Denkens und Verhaltens, die die Ausstrahlung des Menschen bestimmen.

Der Geist ist das Leben. Beugen wir unguten Entwicklungen vor!

Vom ewigen Geist geht immer Gutes und Wertvolles aus. Er ist das wahre Leben, das ewig währt. Wem der Körper das größte Anliegen ist, der baut auf das Vergängliche, auf das Fleisch, und nicht auf den Geist, auf das unvergängliche Leben.

Ich darf wiederholen: Der Körper welkt. Die nur körperbezogenen, die ichbezogenen Gedanken machen den Menschen „alt", einerlei, wie alt er an Jahren ist. Daher ein Rat für Junge und Ältere: Achtet auf die Welt eurer Gedanken und Verhaltensweisen, denn sie sind der Stempel, der Pinsel, der den Menschen zeichnet und prägt.

Beugen wir unguten Entwicklungen vor!

Störenfriede in unserer Gefühls- und Gedankenwelt können, wenn wir ihnen nicht rechtzeitig Einhalt gebieten, zu negativen Energiekomplexen anwachsen, die auf uns einwirken. Sie verdunkeln dann unser Gemüt, lassen uns unruhig und unzufrieden werden und werden uns schließlich sowohl seelisch als auch körperlich vergiften. Lassen wir es nicht so weit kommen! Der regelmäßige persönliche Tagesabschluß sollte uns deshalb zur lieben Gewohnheit werden.

Hilfreich wäre es auch, tagsüber des öfteren einmal innezuhalten, um tief und bewußt zu atmen. Das kann uns nach innen führen, so daß sich die eventuell im Trubel des Alltags verlorengegangene Verbindung zu Christus in uns und zu unserem inneren Wesen wieder aufbaut. Andererseits merken wir auch sofort, wenn der Fluß unserer Atmung beeinträchtigt oder gar blockiert ist. Wir werden aufgrund dessen das Störende, das in unserer Gefühls- und Gedankenwelt liegt, ausräumen können, bevor es sich verstärkt und zu weiteren Disharmonien führt. Christus ist gegenwärtig in uns. Seine Hilfe zur Selbsterkenntnis sowie bei der Bereinigung des Unguten ist uns gewiß.

Wie und wann der Mensch das Wirken des ewigen Geistes zuläßt, bestimmt jeder selbst. Die

Macht des Geistes Gottes in Seele und Mensch wird erst dann zunehmend stärker, wenn der Mensch nach dem inneren, dem ewigen Leben trachtet, nach der geistigen Nahrung, die in den Geboten und in den Lehren des Jesus, des Christus, enthalten ist. Wer sich in den Lebensstrom begibt durch die Erfüllung der geistigen Lebensregeln, der wird auch auf gesunde, naturgegebene Ernährung achten.

Der Geist, Gott, ist ewige Harmonie. Harmonie ist Ausgewogenheit, inneres Gleichgewicht, das uns still und friedvoll werden läßt, in uns ruhend, wach für das, was wesentlich ist. Sind wir in Harmonie, so sind wir weitgehend abgeschirmt gegenüber dem Lauten, Groben, Hektischen, gegenüber den Dissonanzen, die uns ablenken, stören, nach außen ziehen und aus dem Lot bringen möchten.

Harmonie ist die Haltung jenes Menschen, der mit sich, mit seinen Mitmenschen und mit Gott im Reinen ist. Wir können dazu beitragen, in diese wunderbare innere Haltung zu gelangen, wenn wir uns bemühen, alles, was wir tun, bewußt zu vollziehen. Wir sollten uns z.B. angewöhnen, unsere Mahlzeiten stets in Ruhe einzunehmen. Das heißt: Was du ißt, das iß bewußt und langsam. Wenn du trinkst, trinke bewußt und langsam. Jeder Körper, ob jung oder alt, verlangt leichte, aufbauende Kost.

Wer darauf achtet, der wird sensitiver gegenüber seiner Umgebung, aber auch gegenüber der Natur und der Mutter Erde, die die Ernährerin aller Menschen und Lebewesen ist. Hat ein Mensch die Natur zum Vorbild, wird er mehr Wasser oder Tee zu sich nehmen, aber wenig oder gar keinen Alkohol und schon gar nicht scharfe alkoholische Getränke.

Eine gottgewollte Einstellung zum Leben ist der Gesundbrunnen für Seele und Körper. Wer danach trachtet, dessen Körper wird zum Werkzeug des ewigen Geistes; er vermag dann auch den physischen Leib zu beherrschen.

Nimm Haltung an!

Der Atem ist das Leben des Körpers. Viele ältere Menschen lassen sich allzugerne gehen. Wem jedoch bewußt ist, daß eine aufrechte Körperhaltung ausschlaggebend ist, um tiefer zu atmen, der wird darauf achten; er wird täglich seinen Körper trainieren und seinen Lebensmut und seine Willenskraft stärken.

Hat ein Mensch die Selbstbeherrschung gelernt, so meistert er auch die Stimmungen und Hemmungen, die so mancher Tag mit sich bringt, weil er sich selbst zu kontrollieren und sich immer wieder rechtzeitig neu zu orientieren vermag, sobald sich Gemütseinbrüche anbahnen wollen. Diese tun sich gerade beim älteren Menschen auf, da immer wieder einmal Unschönes aus der Vergangenheit empordämmern möchte.

Dann kommt es darauf an, dieses mit Christus rasch zu analysieren und zu beheben, statt es weiter auf- und auszubauen. Dazu bedarf es der Übung sowie des festen Entschlusses, zu lernen und umzudenken, sich also zu ändern. Auch hierbei erweist sich das höhere Ziel, das mit den göttlichen Lehren in Einklang steht, als eine wesentliche Hilfe.

Der Sklave negativen Denkens? Jeder Tag könnte eine Neugeburt im wahren Leben sein.

Viele ältere Menschen haben sich gewisse Denkgewohnheiten angeeignet, die ihr Erdendasein prägen und die sich gerade im Alter dann intensivieren, wenn sie rückwärts blicken und ihrer Vergangenheit dadurch neue Nahrung geben. Immer wiederkehrende, gleiche Gedanken werden verstärkt, da, wie wir wissen, alles Energie ist. Mit der Zeit werden sie zum Denkprogramm, das sich besonders im Alter auswirken kann.

Wird der Mensch zum Opfer seiner persönlichen Gedankenwelt, dann kann sich, je nach Art der Denkprogramme, eine gewisse Gebrechlichkeit des Körpers einstellen und auch die Körperhaltung verändern. Somit ist es möglich, daß sich der Körper vor den immer gleichen unlauteren Gedanken beugt. Auf diese Weise kann der Körper anfällig werden für die sogenannten Altersleiden.

Wie schon mehrfach gesagt: Wer die alten Muster aus längst vergangenen Tagen ständig neu auffrischt, indem er darüber nachgrübelt und die unschöne, leidvolle Zeit immer wieder zur Sprache bringt, der verliert an Lebenskraft. Dadurch werden die Zellsysteme zunehmend weniger mit Energie versorgt. Irgendwann geben sich die hungrigen Zellen der Schwere und der Energiearmut hin; das kann dann zu Unpäßlichkeiten und Krankheiten führen, aber auch zum vorzeitigen Hinscheiden des physischen Leibes.

Der Körper ist nun mal das Spiegelbild unseres Denkens und Verhaltens. Unsere negativen, ichbezogenen Meinungen und Vorstellungen, unsere Schuldzuweisungen, unser gesamtes destruktives Denken und Reden werden zu manifesten Zeichnungen an unserem Körper. Auf diese Weise werden wir zu Sklaven unserer Vergangenheit; wir werden Opfer unseres falschen, negativen Verhaltens, weil uns das prägt, was wir dem Körper an Gegensätzlichem zumuten.

Wer das erfaßt hat, der sollte sich der großen Chance bewußt werden, die ihm das Erdenleben bietet. Die Möglichkeit der Bewährung, bevor die Wirkung, die Folge seines Verschuldens, bitter abgetragen, das heißt, durchlitten werden muß, ist nur auf Erden gegeben. Und er sollte sich schleunigst der Selbsterneuerung seines Denkens und Verhaltens zuwenden, denn die Tage vergehen und mit ihnen das Erdendasein.

Jeder Tag könnte eine Neugeburt im wahren Leben, im Geiste Gottes, sein, dann, wenn der Mensch den Tag nützt und sich geistig orientiert. Auf dem Weg der Umorientierung ist die höhere Zielsetzung unerläßlich.

Wer tägliche Schritte hin zu seinem höheren gesteckten Ziel tut, der erneuert die Welt seines Denkens, die sich dann ganz allmählich in seinem Ober- und Unterbewußtsein ansiedelt und mit der Zeit seinem Körper Kraft und Frische verleiht, den Menschen aktiver und sein Dasein sinnerfüllter werden läßt. Das bedeutet, daß sich der Zellenstaat des menschlichen Körpers nach und nach auf die positiven Gedanken und Gefühle einstellt. Voraussetzung für diese Umgestaltung ist, daß wir nicht nachlassen, über unser Ober- und Unterbewußtsein den Zellenstaat unseres physischen Körpers mit Licht- und Kraftgedanken zu nähren.

Darum zu kämpfen, zu ringen und dafür Selbstdisziplin einzusetzen, lohnt sich wahrlich!

Aus jedem Irrtum eine tiefere Einsicht gewinnen

Je positiver die Einstellung des Menschen ist, desto entspannter und produktiver ist er bis ins hohe Alter. Das bedeutet aber auch, länger geistig rege zu sein und körperlich rüstig. Rüstigkeit bedeutet Lebensgewinn. Faulpelze jedoch welken und altern schon in jungen Jahren. Mit ihrer gebremsten körperlichen Beschäftigung faulen sie gleichsam dahin. Der ältere Mensch bleibt jugendlich, wenn er auch im Alter bereit ist, alte, träge Gewohnheiten abzulegen und sich in das aktive Leben zu begeben.

Ein guter Rat aus der Weisheit Gottes: Sei jedem neuen Gedanken aufgeschlossen. Hinterfrage ihn. Und so er gute Ansätze hat, nimm ihn in dein Lebensziel auf. Wer nach jedem Irrtum eine tiefere Einsicht gewinnt und dieser folgt, ist auf dem Weg, weise zu werden.

Der Mensch, der den Sinn und Zweck seines Erdenlebens erfüllen möchte, kommt nicht umhin, zu lernen. Lernen heißt letztlich, mit den inneren Kraftströmen, mit dem ewig jungen Geist, in Verbindung zu stehen. In der Ausrichtung auf Ihn, auf Christus in uns, sollten wir unser Tagwerk meistern.

Kein Mensch muß geistig alt werden! Wer sich vornimmt, sich täglich neu geboren zu fühlen, indem er seinen Tag annimmt, der spürt den Kraftstrom des Lebens, der im Tag liegt.

Trachten wir danach, geistig beweglich zu bleiben! Das ist möglich durch bewußtes Lernen, denn jeder Tag stellt uns vor Aufgaben. Wer zu diesen –

aus der inneren Treue zum Leben heraus – ja sagt, der wird sie auch bewältigen. Denn Gott ist in allem die Hilfe, der Rat, die Antwort, die Lösung, und Er weiß Seine Menschenkinder wohl zu führen.

Wer mit offenen Augen durchs Erdenleben geht, dessen Herz beginnt tiefer zu schlagen. Mit dem Frohsinn der inneren Liebe erwacht das Bewußtsein der Einheit. Er wird den Tieren in ihrer Not so weit helfen, wie es ihm möglich ist, und den Menschen in ihren Sorgen und Nöten. Auch wird er die Natur in ihrer Schönheit erfassen, sich erfreuen und den wehenden Schöpfergeist spüren, der auch den Einheitzustrebenden im Inneren anhaucht. Daraus entwickeln sich Ehrfurcht vor dem Leben, das Gott ist, und Freude am Dasein, um zu dienen.

Mensch, werde, um zu sein!

Der aufmerksame Leser dieses Büchleins wird erkennen, daß nicht die Jahre zählen, sondern des Menschen Einstellung zum Leben. Wer in seinem Erdendasein dem Geist die Ehre gab, indem er immer wieder nach Seinem Willen fragte und diesen in den Geboten Gottes durch Mose erkannte sowie in den Lehren des Jesus, des Christus, besonders in der Goldenen Lebensregel, der erfreut sich im Alter am Leben, das um ihn pulsiert und das er erspürt und erfaßt.

Gerade im Alter gibt folgender Satz Aufschluß: Stirb, und werde! Wenn das Alte, buchstäblich Eingefleischte, das Negative, stirbt, dann erwacht der ewig junge Geist in der Seele und durchglüht den älteren Menschen, der mehr vom Werden spricht als vom Sterben.

In so manchem älteren Menschen erwacht der Wunsch, zu beten. Auch hier gilt es, zu lernen.

Wir sollen nicht Gebete vor uns herplappern. Beten heißt Werden, das Gebet zum Leben werden lassen. Wer so betet, der bedarf keiner Kirche aus Stein, sondern des stillen Kämmerleins, von dem Jesus, der Christus, sprach, um sich in das Innerste, in das Allerheiligste, zurückzuziehen, das tief in der Seele leuchtet.

Glaubensstark zu beten heißt, still zu werden, denn aus einem glaubensstarken Gebet erwachen Vertrauen und Hingabe. Die Hingabe an die große, unerschöpfliche Quelle des Lichts in uns, an das Allerheiligste tief im Seelengrund, hilft dem wahrhaft Betenden weiter, denn dann wird das Leben

Erfüllung. Zielbewußtes Leben heißt dann erfülltes Leben. Die grauen und düsteren Tage der Vergangenheit sterben. Das Licht im Betenden wird leuchtender, spürbarer, so daß in ihm der Gedanke reift: Ich wandere in das höhere Leben, in das vollkommenere Sein.

Die Natur lehrt uns, das Alte, das Erledigte und Abgeschlossene, zu vergessen, das Neue und Kommende zu bejahen, denn unsterblich ist die Seele. Tief in unserer Seele liegt der Schatz der Ewigkeit. Um ihn zu finden, heißt es, sich auf den Weg zu machen. Wer sich dem Schatz nähert, der fühlt den Gewinn – es ist das ewige Leben, das Sein.

Das Alter sucht nach Ruhe und Stille. Alles, was in der Jugend von Bedeutung war, legt der ältere Mensch allmählich ab. Er sieht die Dinge und Ereignisse, die Konflikte seiner jüngeren Jahre mit Augen, die gelernt haben, tiefer zu blicken, um klarer und ruhiger dem Werden entgegenzustreben. Das bedeutet inneres Reifen, höhere Weisheit und die Gewißheit, im Geist des Ewigen geborgen zu sein.

In dem Maße, wie sich der Mensch nach innen wendet, wachsen in ihm die Gewißheit um das Geborgensein im Reich der Ewigkeit und das Freisein durch den Ewigen. Wer nicht zurückblickt, wer immer vorwärtsschreitet, wer in der Materie nur das Vergängliche sieht, das er hinter sich läßt, und im Werden den Weg zur Ewigkeit, der gewinnt viel, viel Leben, denn Leben ist Gott und Ewigkeit.

Für den Menschen, der die Schritte hin zum Leben tut, zum Werden, in die Ewigkeit, gilt nicht die Nacht des Todes, sondern der ewig junge Tag, der Leben heißt. Wer die Schritte hin zum Ewigen geht, der weiß: Was er wirklich ist, das sieht er noch nicht. Der Mensch ist nur die Hülle des ewigen Lichtes.

Lassen wir die ewige Flamme, Christus, in uns leuchten, dann sehen wir auch den Weg heraus aus dem Schatten hin zum ewigen Licht, das wahres Leben bedeutet. Jeder, der sich in den Lichtkreis des Ewigen begibt, sagt: ich werde zum wahren Selbst, das mein ewiges Eigentum ist.

Das Leben ist Gott, und Leben ist ohne Ende. Wer zu dieser Gewißheit erwacht ist, für den ist das Alter Gewinn, innere Schönheit und Weisheit. Der Mensch, der ein Naturkörper ist, scheidet hin, doch die Seele verläßt ihren Leib und gleitet zum Ewigen in die Ewigkeit.

Mein Wunsch an alle Menschen – ob jung, älter oder alt – heißt: Werde, o Mensch; dann fühlst du viel, viel Leben!

Lesen Sie auch:

Allein in Partnerschaft und Ehe? Allein im Alter? Leben in der Einheit!

Du bist nicht allein - GOTT ist mit Dir

Das Erdenleben besteht im allgemeinen für uns Menschen aus einer Kette von Enttäuschungen. Man hofft, man sehnt sich und ist doch immer wieder unzufrieden. Man wünscht sich - meist bei einem Mitmenschen - Glück, Liebe und Geborgensein. Zuweilen meint man, nun endlich „angekommen“ zu sein, aber wieder erfüllten sich die Erwartungen nicht - man ist doch wieder allein. Gabriele zeigt auf, warum dem Menschen das Ziel seiner Hoffnungen in dieser Welt immer wieder entgleitet: die Wurzeln seiner Sehnsucht liegen tiefer. Daraus ergibt sich auch, wo die Erfüllung seiner Suche zu finden ist.
176 S., geb., Euro 14,80, ISBN 3-89201-192-3

Der Zeitgenosse Tod

Jeder stirbt für sich allein

Das Leben und Sterben, um weiterzuleben

Dieses Buch geht jeden an, der von der Angst vor dem Tod zum bewußten Leben finden möchte. Denn: „Wer sein Leben zu verstehen lernt, fürchtet sich nicht mehr vor dem Tod.“ Der Leser findet Erläuterungen über bisher unbekannte Zusammenhänge von Leben und Tod, über den Zustand und das Befinden der Seele in den verschiedenen Situationen des Sterbens und über das, was die Seele eines Menschen nach seinem Hinscheiden „drüben“, im Jenseits, erwartet. *168 S., geb., Euro 14,80, ISBN 3-89201-197-4*

Wohlbefinden und glücklich leben

Jeder Tag kann noch ein Lebensgewinn sein. Lebenshilfen für das Alter ab 55 Jahren

Mit den Jahren zeigen sich Spuren des Welkens - doch müssen wir deshalb „alt" sein? Wir lernen von Gabriele, wie wir das innere, jugendliche Lebensbild entfalten können.

Broschüre, 32 S., Best.-Nr. 358, Euro 3,50. ISBN 3-89201-148-6

Glaubensheilung - die Ganzheitsheilung

Aus dem Inhalt: Gott ist ewig Derselbe: Liebe, Kraft, Harmonie und Heilung - Unser Körper kann von sich aus nicht erkranken - Gesundheit ist gottgewollt. Krankheit ist die Unterbrechung der Verbindung mit dem göttlichen Kraftfeld in der Seele und in jeder Zelle des Menschen - Jeder Gedanke strebt nach Verwirklichung und manifestiert sich in unserem Körper - Das Wort „unheilbar" grenzt die Hoffnung aus - u.v.a.m.

144 S., geb., Euro 12,00, ISBN 3-89201-108-7

Das ist Mein Wort. A und Ω

Das Evangelium Jesu. Die Christus-Offenbarung, welche inzwischen die wahren Christen in aller Welt kennen

<u>Das</u> Buch, das Sie um Jesus, den Christus, wissen läßt. Die Wahrheit über Sein Wirken und Leben als Jesus von Nazareth. Aus dem Inhalt: Kindheit und Jugend Jesu - Die Verfälschung Seiner Lehre in den vergangenen 2000 Jahren - Jesus liebte die Tiere und setzte sich immer für sie ein - Sinn und Zweck des Erdenlebens - Voraussetzungen für die Heilung des Leibes - Gott zürnt und straft nicht - Die Lehre der „ewigen Verdammnis" ist eine Verhöhnung Gottes - Die kommende Zeit und die Zukunft der Menschheit ... u.v.a.m.

1104 S., geb., Euro 13,00, ISBN 3-89201-153-2

Gerne übersenden wir Ihnen das Gesamtverzeichnis aller Bücher, CDs und Cassetten.

Verlag DAS WORT GmbH
Max-Braun-Str. 2, 97828 Marktheidenfeld
Tel. 09391/504135, Fax 504133
Internet: www.das-wort.com